HAYMON taschenbuch **34**

Auflage:
4
2023

HAYMON tb **34**

Originalausgabe
© 2010 Haymon Taschenbuch, Innsbruck-Wien
www.haymonverlag.at/haymontb

Alle Rechte vorbehalten. Kein Teil des Werkes darf in
irgendeiner Form (Druck, Fotokopie, Mikrofilm oder in einem
anderen Verfahren) ohne schriftliche Genehmigung des Verlages
reproduziert oder unter Verwendung elektronischer Systeme
verarbeitet, vervielfältigt oder verbreitet werden.

ISBN 978-3-85218-834-8

Umschlag und Buchgestaltung:
Kurt Höretzeder, Büro für Grafische Gestaltung, Scheffau/Tirol
Mitarbeit: Ines Graus
Coverabbildung: Edward Theodore Compton: Die Vajolettürme
(um 1902), Öl auf Leinwand, 138 × 93 cm, Österreichisches
Alpenvereinsmuseum, Innsbruck
Autorenfoto: Haymon Verlag

Gedruckt auf umweltfreundlichem,
chlor- und säurefrei gebleichtem Papier.

Wolfgang Morscher
Berit Mrugalska
Die schönsten Sagen aus Südtirol

Wolfgang Morscher/Berit Mrugalska
Die schönsten Sagen aus Südtirol

Von versunkenen Städten

Kurz unterhalb von Mals erhebt sich ein kahler Hügel, welcher vom Weiler Tartsch den Namen Tartscher Bühel trägt. Auf diesem steht eine uralte Kirche, in deren Turm zwei „heidnische" Glocken hängen, welche einen ganz eigentümlichen Ton haben. Die Einwohner des Obervinschgaus und natürlich jene, die folgende Sage kennen, hören bei ihrem Geläute folgenden Verslaut:

„Kimm bold, geah bold
kimm bold, geah bold."
(Komm bald, geh bald)

Diese Kirche war vor sehr langer Zeit der Tempel einer heidnischen Stadt, deren Bewohner sehr reich waren und in Saus und Braus lebten. Vor lauter Übermut wussten sie oft nicht mehr, was für neue Streiche sie anstellen sollten. Nichts war ihnen mehr heilig und sämtliche Tabus bereits gebrochen.

Als wieder einmal die Fastnacht heranrückte, hatte einer von ihnen eine ganz neue Idee und er war besonders stolz drauf.

„Das haben wir noch nie gemacht! Es wird große Emotionen hervorrufen bei jedem, der es mit ansieht oder der davon hört!", versprach er den anderen.

Es war nämlich ein recht grausames Stückchen, das er sich da ausgedacht hatte – einem Ochsen wurde bei lebendigem Leib die Haut abgezogen. Dann streuten sie dem vor Schmerzen brüllenden Tier noch Salz auf das offene Fleisch, um seine Qual noch zu steigern. So ließen sie die arme Kreatur vor Schmerzen brüllend durch die Stadt laufen. Die Tierquäler schauten gespannt zu und viele Bewohner der Stadt ebenfalls, das war ein Spektakel – alle weideten sich an diesen Bildern des Grauens.

Ja, sie konnten sich gar nicht daran sattsehen, wie der Leib des Ochsen von Zuckungen durchströmt wurde und er in den unterschiedlichsten Klagetönen sein Leid in die Welt hinausschrie. Endlich blieb das geschundene Tier in der Mitte der Stadt auf dem Platz stehen und brüllte so gewaltig, dass man es in der gesamten Gegend hören konnte. Dazu riss es die Augen weit auf und schaute in den Himmel hinauf, als ob es Rache von oben auf seine Peiniger herabflehte. Und wirklich – auf einmal hatte sich der Himmel verfinstert, Windböen zogen durch das Tal und die gesamte Stadt begann zu wanken und zu beben. Die Erde tat sich auf und im nächsten Augenblick war die ganze Stadt in der Erde versunken und nichts war mehr von ihr zu sehen.

Noch heute kann man quadratförmige Vertiefungen im Boden ausmachen – das sind die Stellen, wo die Häuser versunken sind. Und wenn man mit dem Fuß ordentlich darauf stampft, so hallt es hohl und dumpf durch den Boden. Ein Hirte hat dann auch wirklich einmal bei so einer dunklen Vertiefung zu graben angefangen, und er stieß in der Tat auf alte Häuser und Grundmauern. Einige Tartscher halfen ihm und ließen ihn an einem Seil hinunter in die verschüttete Stadt. Mit einer kleinen Laterne begann er sich genauer umzusehen, er befand sich in einem ehemaligen Zimmer, wo um einen Tisch herum einige Menschen saßen – genau in der Position, in der sie mit der gesamten Stadt im Erdboden versunken sind. Als sie auch nur von einem Windhauch gestreift wurden, zerfielen sie gleich zu Staub. Dann berührte er einige Teller und Flaschen, welche auf dem Tisch standen, und jene, die nicht zu Staub zerfielen, die nahm er mit hinauf, als sie ihn wieder an dem Seil in die Höhe zogen.

In späteren Jahren wagte sich aber niemand mehr in diese alte Stadt hinunter, auch interessierte es niemanden, die alten Häuser und Mauern auszugraben. Einzig der Tempel dieser fremden Stadt blieb als Mahnmal für die späteren Bewohner bestehen.

Auch unter dem Hügel zwischen Schlanders und Laas, der wie ein Riegel im Tal liegt, soll sich einst eine große Stadt befunden haben. Der Untergang der Stadt passierte in einer Zeit, als es, etwa eine halbe Stunde oberhalb von Kortsch, noch eine bekannte Wallfahrtskirche zum heiligen Georg gab. Von überall her kamen die Wallfahrer, um hier ihre Anliegen vorzubringen, die Einwohner am Fuße des Sonnenberges wurden aber immer übermütiger und kamen bald gar nicht mehr in die Kapelle. Zur Warnung ließ der heilige Georg nun öfters Murbrüche aus dem Gadriatal herunterkommen und die Felder und Wiesen der Städter verheeren. Die Bewohner dieser großen Stadt verstanden aber seine Warnung nicht – oder wollten sie nicht verstehen – und änderten ihr Verhalten nicht. Sie bauten dafür aber dicke Schutzmauern und Archen, um dem Wildbach seine reißende Naturkraft zu nehmen.

Hoch oben im Gadriatal am Sonnenberg gab es zu dieser Zeit noch einen See, und nicht weit davon lag eine große Felshöhle. Hierhin sandte der Ritterheilige, der Patron der Bauern und des Landes Tirol, seinen Drachen aus, der sofort in die beschriebene Höhle einzog, von der aus er unter den Viehherden der Städter großen Schaden anrichtete. Aber auch das half nichts, die Städter verstanden immer noch nicht, dass es an der Zeit war, ein besseres Leben zu führen. Sie versuchten jetzt aber den Drachen zu bekämpfen und heckten dafür einen Plan aus. Sie nähten aus einer Kalbshaut eine tierähnliche Gestalt und füllten „lebendigen Kalk" – auch „Calx viva" oder „ungelöschter Kalk" genannt – hinein. Sie trugen diesen Drachenköder nun auf den Berg und ließen die gefüllte Kalbshaut mit Stricken zum See hinab, wo der Drache für gewöhnlich sein Bad nahm. Als er zur

Nachtzeit endlich aus seiner Höhle kam, bemerkte er das Kalb und schlang es mit einem Bissen gierig hinunter.

Dann sprang er in den See und schwamm ein paar Längen hin und her. Als er aber dazu auch noch trank, kam das Wasser mit dem Kalk in Berührung und löste eine heftige chemische Reaktion aus, bei der Hitze entstand und die ihm arge Verätzungen verschaffte. Der Drache wurde von solchen Schmerzen gepackt, dass er ganz wütend im See herumfuhr und mit dem ungeheuren Schwanz nach allen Seiten ausschlug. Mit seinem riesigen und kräftigen Schwanz schlug er so wild umeinander, dass er dabei in das Seeufer zum Tal hin eine Kerbe schlug. Augenblicklich schoss das Wasser aus seinem Becken und stürzte unaufhaltsam ins Tal hinunter, dabei riss es furchtbare Massen an Steinen und Bäumen mit sich.

Der Drache wurde durch den Sog des Wassers selber mit hinausgespült und blieb erst in der Gegend zwischen Terlan und Bozen liegen. In seinem Todeskampf fand er hier langsam sein Ende, wo er noch mit dem Schwanz sieben Eichenbäume zersplitterte. Hiervon soll die Ortschaft Siebeneich ihren Namen bekommen haben.

Zwischen Laas und Schlanders aber, auf der Höhe von Kortsch, war am nächsten Morgen keine Spur mehr von der Stadt zu sehen. Ein langgestreckter Schutthügel hatte Stadt und Städter unter sich begraben, niemand hatte überlebt.

Im weiten Olanger Talbecken im Pustertal, zwischen dem Preinbichl und dem Tonigenstöckl, stand einst die schöne und reiche Stadt Kerla. Doch ein dunkles Geschick waltete über ihr:

Eines Tages – man weiß nicht mehr, warum – musste die Stadt untergehen, und nur die einstige Kirche oder Friedhofskapelle blieb von dieser Katastrophe verschont. Es ist das heutige „Antoniusstöckl" in der Windschnur, das von älteren Leuten noch heute „Kerla-Stöckl" genannt wird. Beim Pflügen auf den dortigen Äckern stößt man nicht selten auf Mauerreste dieser uralten Stadt. In der Gegend zwischen den „Gepaid'n", dem Galgenbichl und dem „Kerla-Stöckl" will man früher oft eine versteckte Glocke dumpf läuten gehört haben.

Systematische archäologische Ausgrabungen in jüngster Vergangenheit brachten beim Antoniusstöckl Hinweise auf hallstattzeitliche Besiedelung, auch römerzeitliche Siedlungsreste fanden sich in der Gegend.

Da, wo heute der Kalterer See im Überetsch liegt, da lagen vor Jahrhunderten gesegnete Fluren mit fetten Weiden und gutem Ackerboden.

Aber den Menschen ging es hier zu gut, und sie missbrauchten den Segen zur Sünde und zu jeglichem Frevel. Dafür traf sie jedoch die Strafe des Himmels.

An einem heißen Sommertag ging Jesus Christus mit dem heiligen Petrus hinaus in die weite Welt, um sich das Leben und Wirken der Menschen anzusehen. Sie kamen auch in diese große, schöne Stadt, die sich eben genau dort ausbreitete, wo sich heute die Wellen des Sees im leichten Luftzuge kräuseln. An diesem Tag wehte ein heißer Wind durch die Straßen und es lag viel Staub in der Luft.

Die Füße der zwei Männer waren mit Staub bedeckt und beide hatten brennenden Durst. Nun klopften sie an eine Haustür und baten um einen Krug Wasser, doch wo sie auch hinkamen, überall bekamen sie zu hören, sie sollten doch aus dem kleinen Bächlein trinken, wenn sie schon solchen Durst hätten und nirgendwo einkehren wollten. Erst als sie die ganze Stadt durchschritten hatten, wurde ihnen in einem armseligen Häuschen auf einem Hügel die Bitte nicht verwehrt und frisches Wasser und sogar ein wenig Schüttelbrot gereicht; und Christus und Petrus erkannten gleich, dass diese Menschen selber nicht viel mehr hatten. Nachdem die beiden ihren Durst gelöscht hatten, nahm Christus das einfache Wassergefäß und goss das restliche Wasser zum Fenster hinaus. Doch das Wasser schien kein Ende zu nehmen, es wurde immer mehr und mehr und war bald ein reißender Fluss, der den Hügel hinunter in die Talsenke strömte. Bereits nach wenigen Stunden waren der Talboden, die Wiesen und Äcker und bald auch die ganze Stadt unter den Wassermassen begraben. Das Wasser stieg immer höher und höher und hörte erst auf, als es fast das kleine Haus der armen Leute erreicht hatte, sodass die von den Fluten verschont blieben. Die ganze Stadt ging zu Grunde, und der Kalterer See blieb als warnendes Zeichen im Tal zurück.

Helfmirgott

In einem Seitental des Obervinschgaus, welches zur Schweizer Grenze führt und Münstertal heißt, liegen die Ruinen von drei alten Schlössern. Zwischen Rotund und Reichenberg ragt ein hoher Turmbau empor, der früher Reichenstein hieß, jetzt aber „Helfmirgott" genannt wird. Der Ritter in seinem Wohnturm war ein Junggeselle, wie es im Buche steht – er kümmerte sich wenig um sein Äußeres und war sehr ungepflegt. Mit seinen Freunden feierte er ein Fest nach dem anderen und schlief am nächsten Tag bis in den helllichten Tag hinein, und zu essen gab es halt das, was er gerade in der Speisekammer fand. Mit der Zeit aber verheirateten sich seine Kumpane, und nun kamen sie nicht mehr ganz so oft zum Zechen und Kartenspielen, so dass der Ritter in seinem Turm immer einsamer wurde. Irgendwann begegnete er bei einem Ausritt einem schönen Bauernmädchen, und das hatte es ihm angetan. Gleich am nächsten Tag versuchte er es wiederzusehen, aber das Mädchen hatte fast Angst vor dem bärtigen, liederlichen Ritter mit seinen derben Sprüchen und versuchte ihm aus dem Weg zu gehen. Je mehr nun der Ritter auf Ablehnung bei dem hübschen Mädchen stieß, desto mehr wuchs sein Verlangen nach ihm und er tüftelte einen Plan aus, wie er das junge Ding einfach entführen und bei sich gefangenhalten würde.

Am Abend, als die Schöne vom Melken auf einer abgelegenen Wiese kam, da lauerte er ihr auf und fesselte sie. Dann schmiss er sie schnell auf sein Pferd und ritt mit ihr zu seinem Wohnturm. Als sie angekommen waren, warf er sie in eine dunkle, kalte Kammer.

„So wohl, nun sind wir angekommen. Das wird ab jetzt deine neue Heimat sein. Du hättest es auch anders haben können, wenn du ein wenig netter zu mir gewesen wärst. Aber vielleicht ändert sich deine Meinung mir gegenüber ja noch!", sagte er zu ihr und versperrte die Tür von außen mit einem großen Riegel.

„Ja, das tät dir so passen, du stinketer Bolsch, du", dachte sie sich, war aber lieber still.

Nach vielen, vielen Stunden kam er endlich wieder und brachte ihr einen Krug Wasser und einen Nachttopf:

„Sodala, vielleicht ist mein störrisches Buzzele jetzt schon vernünftiger geworden? Denk gut darüber nach, wer von uns beiden der Unterlegene ist, doch merk es dir gut, noch bin ich freundlich zu dir, ich kann aber auch anders!"

Und nun war sie wieder allein in der Dunkelheit und in der Kälte, mit knurrendem Magen.

Am nächsten Abend kamen die Freunde des Ritters auf Besuch, und als sie zu rufen und zu schreien anfing, da lachte der Grausame und erklärte den Männern, dass er da unten zwei rollige Katzen eingesperrt habe, und ging mit ihnen weiter nach oben. Spät in der Nacht, als seine Saufgenossen gegangen waren, torkelte der Ritter noch zu seiner Gefangenen und schob den Riegel von der Tür. Er packte sie an den Haaren und zog sie zu sich hinauf, ihr schossen vor Schmerzen Tränen in die Augen.

„Madl, Madl, was hast du dir nur dabei gedacht, zu schreien? Du musst nur mal richtig hergenommen werden, dann bist auch nicht mehr so zuwider", schrie er sie an, und feine Spucketröpfchen spürte sie in ihrem Gesicht; dabei riss er ihr mit einem Ruck das Kleid in Fetzen.

Nun aber warf sie sich mit aller Kraft in seine Seite, dort, wo die Leber sitzt, und schlüpfte schnell an ihm vorbei. Sie schaute nach unten zum Ausgang, aber da stand sein riesiger Hund, also blieb ihr kein anderer Ausweg, und sie lief den Turm hinauf. Der Ritter hatte mittlerweile sein Gleichgewicht wiedergefunden und grölte ihr lallend hinterher:

„Der Weg ist der richtige, ab in meine Schlafkammer mit dir!", und er nahm drei Stufen auf einmal.

Die junge Frau lief bis ganz unters Dach und von unten hörte sie die schweren Stiefel immer näher kommen. Ihr tat der Hals weh, wo er sie beim Zerreißen ihres Kleides mit den langen Fingernägeln verletzt hatte, auch konnte sie immer noch den Gestank nach seinem ungewaschenen Körper und Alkohol an sich riechen.

„Lieber will ich sterben", sagte sie zu sich selber, um sich Mut zuzusprechen, öffnete das Fenster und stieg hinaus. „Helf mir Gott!", rief sie und sprang.

Doch nun geschah etwas völlig Unerwartetes: Wenige Sekunden später öffnete sie die Augen und bewegte ihre Beine. Sie rappelte sich auf und lief, so gut es ging, ins Dorf hinein, wo sie um Hilfe schrie. Der betrunkene Ritter aber lief ihr nach ihrem Sprung nicht nach, er hatte beim Fenster hinausgeschaut und gesehen, wie sie hinuntergefallen war, ihr Körper kurz vor dem Boden plötzlich in der Luft liegen blieb und dann ganz langsam und sanft hinuntersank. Dieses Bild konnte der Ritter sein Lebtag nicht mehr vergessen und änderte von nun an sein Leben.

Andere wiederum sagen, es ist zu diesem Jungfernsprung gekommen, weil die Besitzerin des Turmes von dem benachbarten Ritter von Rotund überfallen wurde und in den eigenen Mauern nach oben getrieben wurde, sodass ihr kein anderer Ausweg mehr blieb, als über die Zinnen in den fürchterlichen Abgrund zu springen.

Von den Norggen und Nörggelen

Die Norggen und Nörggelen sind koboldartige Hausgeister, die einen größer, die anderen kleiner gewachsen. Manche von ihnen leben auch alleine auf Almen und in Felslöchern. Oft werden sie mit Zwergen verglichen, haben aber einen riesigen Kopf, einen dicken Bauch, spindeldürre Arme und Beine, so krumm wie Säbel. Manchmal schielen sie und ihre Nase wirkt eingedrückt und ist so schmutzig wie eine Kloake. Ihr Mund ist so breit wie ein Mühlrad, ihre Brust filzig behaart, und manche haben einen langen Bart oder zwei lange Schneidezähne.

In Tirol erzählt man sich, dass sie zu den gefallenen Engeln gehören und Anhänger des Luzifer waren. Als die ganze Bagage aus dem Himmel vertrieben wurde, kamen aber nicht alle in die Hölle. Jene nämlich, die sich nur hatten beschwatzen lassen und nicht eigentlich böse waren, blieben beim Sturz aus dem Paradies an Bergen und Bäumen hängen und wohnen seither auf der Erde, und zwar in hohlen Bäumen oder unter Steinen.

Sie können nicht sterben und müssen bis zum Jüngsten Tag auf der Erde bleiben. An vielen Orten glaubt man, wie etwa in Völlan bei Lana, dass viele Norggen und Nörggelen deswegen so tückisch sind, weil sie „der Neid frisst", dass die Menschen sterben können und sie nicht. Manche von ihnen helfen aber auch den Menschen bei ihren Alltagsarbeiten und geben gute Ratschläge zum Ackerbau.

In Planail, einem Seitental im Obervinschgau, liegt tief im Hintergrund und rechts gegen Matsch und Schnals sich wendend die Alpe Norgles, deren Name schon auf die Hausdämonen hinweist. In dieser Gegend zwischen Matsch, Schnals, Passeier und dem Ötztal gibt es besonders viele Norggensagen.

So kam in Planail zweimal die Woche ein Norgg zu einem Bauernhaus, der etwa 30 Zentimeter groß und ziemlich dick war. Er trug eine grüne Jacke und grüne Hosen und setzte sich, besonders abends während der Bereitung des Nachtmahles, auf das Küchenfenster. Wenn er kam, dann juchzte er so gellend und durchdringend, dass die Bäuerin in der Küche sich jedes Mal erschreckte, einen „Hupf" machte, die Suppe ins Feuer goss und am ganzen Leibe zitterte. Schelmisch lachte sich dann der Norgg ins Fäustchen.

Die Bäuerin fragte alle ihre Nachbarinnen um Rat und erzählte ihnen, was der Norgg alles anstellte:

Die Eier stahl er, noch bevor sie von den Hennen gelegt worden waren, zwei Kälber hängte er an eine Kette zusammen, den Kühen nahm er die Milch aus dem Euter und dem Mastschwein schnitt er bei lebendigem Leibe den Speck weg; auch von dem in der Küche aufgehängten Speck zwackte er sich große Portionen ab. Man riet, sie könne es nur mit Weihwasser und Almosengeben versuchen, denn sonst helfe nichts. Und siehe da – das half!

Nach einem Monat dann war er wieder da, und er war noch tückischer als zuvor, gerade so, als wenn er die versäumten Tag nachholen wollte.

Einmal kam eine gewiefte Bäuerin von Mals nach Planail, und diese gab der Bäuerin folgenden Rat:

„Richte dir eine große, schwere Mausfalle, nimm ein gutes Stück Speck als Köder und stelle sie aufs Küchenfenster. Du darfst aber kein Feuer schüren und alle im Hause müssen mäuschenstill bleiben. Kommt dann der Norgg und findet den Speck, so packt er ihn und die Falle schnappt zu. Ist er gefangen, so geh schleunigst herbei und drohe ihm, noch einen Stein auf ihn zu werfen oder ihn mit der Feuerzange zu zwicken, wenn er nicht das Versprechen gibt, euch für immer in Ruhe zu lassen."

„Na, das hört sich gut an", dachte sich die Planailerin und tat, wie ihr gesagt worden war. Und schon die Woche drauf fing sie den Norgg, unter dem Fallblock der Falle winselte und seufzte er und bat um Erlösung, denn er war fast platt gedrückt. Nun begann die Bäuerin, ihn zu beschimpfen und alle Hausbewohner liefen herbei, denn vor allen musste er nun versprechen, dass er nie wieder herkomme, und das tat er auch wimmernd. Sofort wurde er losgelassen und wurde nicht mehr gesehen.

Zu einem der Höfe von Tarnell – einem Dorf, über Laas gelegen – kam früher oft und oft ein Nörggele. Besonders gern setzte es sich in die Küche zum offenen Herd und wärmte sich die Finger. Vergnügt rieb es sich die Hände und murmelte in seinen struppigen Bart: „Husch, husch, kalt, kalt!"

Wenn es sich ein wenig aufgewärmt hatte, stahl es sich wieder hinaus und murmelte dabei noch einmal: „Husch, husch, kalt, kalt!"

Eigentlich hatten die Bauersleute nichts gegen den kleinen Alten, wenn er nur nicht immer so grausig gestunken hätte. Das störte die Bäuerin allmählich immer mehr und sie ekelte sich unglaublich.

Und so beschloss sie dann auch, mit dem Männlein „abzufahren", und sie wusste auch schon, wie. Auf ihrem

Herd streute sie alles mit Asche voll und stellte dann von ihr gesammelte Eierschalen darauf.

Als das Männlein wiederkam und die vielen Eierschalen sah, war es ganz überrascht, hielt aber doch seine Händlein über den kalten Herd, rieb sie und murmelte dabei:

> „Husch, husch, kalt, kalt!
> I denk jetz' den Tarneller Wald
> neunmal jung und neunmal alt.
> Obr dös han i nou nia 'it g'heart:
> sou viele Hafelen af uen Heard!"

Sprach's, ging aus der Tür und wurde das letzte Mal auf Tarnell gesehen.

Zu Saltnuss im Hinterpasseier lebte vor vielen Zeiten ein arbeitsames Männlein. Wenn man ihm am Abend das Korn in die Mühle stellte, dann war es bereits am nächsten Morgen zu Mehl gemahlen. Auch sonst konnte man es zu jeder Arbeit gut gebrauchen. Und wenn es einmal nichts zu tun hatte, dann ging es zu den melkenden Mägden in den Stall und brachte sie mit allerlei Grimassen und lustigen Reden zum Lachen.

Alle hatten es darum gern, das alte Nörggele, mit seinem kleinen, zerschlissenen Mantel. So nahm sich der Bauer eines Tages vor, ihm ein neues Mäntelchen zu schenken. Als dieses fertiggenäht war, legte er es ihm am Abend in die Mühle.

Als nun das Nörggele kam und sein neues Mäntelchen sah, fing es an zu weinen und jammerte:

> „Jetzt muss ich mit meinem Gehüder und Gezüder
> glei ins Ötztal hinüber!"

Mit diesen Worten nahm es sein Geschenk, ging aus der Mühle und war seit der Nacht verschwunden – wohl ins Ötztal hinüber gewandert!

Ein Hirt im Ultental hütete noch im Spätherbst seine Schafe. Alle anderen hatten längst die Almen verlassen, nur er war noch in Baltmar, und langsam packte ihn die Einsamkeit. In jeder freien Minute schaute er umher, ob nicht ein Wanderer oder Jäger des Weges kam, da sah er mit einem Mal auf dem Dach der Sennhütte ein Nörgglein sitzen. Es hielt sein rotes Gewand im Schoß und war mit großem Eifer dabei es zu flicken. Der Hirte schaute dem Nörgglein gebannt zu und musste laut auflachen, als es erst einen grünen, dann einen gelben und schließlich einen roten Flicken aufnähte. Scherzend rief er ihm zu:

„Hoi, ich kann auch ein bisschen schneidern, wollen wir es darauf ankommen lassen, wer von uns der Bessere ist?"

Das Nörggele lachte ebenfalls, sagte aber nichts.

Nun wurde der Hirte schon mutiger und rief:

„Auf ein glühendes Eisengitter herausgefordert! Nimmst du den Antrag nicht an, so bist du wie ein Weib!"

Da sprang das Männlein wie von der Tarantel gestochen vom Dach und kam auf den Burschen zugerannt. Nun bereute der Hirte seine frechen Worte und lief, so schnell er konnte, weg und sprang über den nächsten Bach. Am Bach aber blieb das Nörggele stehen und kehrte wieder um.

Im Unterland machte einst ein Burgbesitzer einen Ausritt ins Brantental, als ihm ein winziges Männlein in den Weg sprang und ihn um eine milde Gabe anflehte.

„Mach di weg da", herrschte ihn der Diener an, „aber geschwind, sonst ..."

„Nein, nein, bitte sei still", bat ihn sein Herr auf dem Pferd, „wir werden doch sicher etwas haben, was wir abgeben können, vielleicht etwas Geld oder Wein? Oder wenigstens ein bisschen Brot? Wir werden doch wohl eine Spende geben können!", meinte der Herr zu seinem Diener.

Da begann das Männlein selber in seiner schmutzigen Tasche zu kramen, zog einen herrlich strahlenden Karfunkelstein heraus und überreichte ihn dem Ritter.

„Hab Dank und nimm diesen lichten Stein, Segen soll er dir bringen und all deinen Nachkommen", und im gleichen Moment war es auch schon wieder verschwunden.

Das Männlein aber war ein Nörggl gewesen, und der Ritter bewahrte den Karfunkelstein sorgsam auf, ließ ihn in Gold fassen und setzte ihn mitten in sein Wappenschild. Selbst seine Burg ließ er nach dem lichten Karfunkelstein umbenennen. Seine Nachkommen waren alle kluge und fleißige Menschen, und langsam wuchs die Familie empor und gewann reiche Besitzungen zwischen Vorarlberg, Graubünden und Sankt Gallen. Schließlich wurden die Herren von Lichtenstein zu Reichsgrafen und später sogar in den deutschen Reichsfürstenstand erhoben. Bis heute führt das Adelsgeschlecht als Herzschild in seinem quadrierten Fürstenwappen von Gold über Rot quergeteilt das Andenken an den lichten Karfunkelstein des dankbaren Nörggleins.

Der Riese Ortler

Lange vor unserer Zeit lebten in Tirol die Riesen in den unzugänglichen Felsenhöhlen. Sie ernährten sich zu der Zeit noch von den Wildtieren, besonders gern aßen sie die Bären oder die wilden Auerochsen. Im obersten Vinschgau wuchs ein kräftiger und stattlicher junger Riese heran, der unter dem Namen „Ortler" bekannt war. Er war jetzt schon größer als die höchsten Waldbäume und wo er sich bewegte, lag hinter ihm eine Schneise der Verwüstung; wo sein schwerer Fuß hintrat, da war darunter alles platt getreten und konnte sich nicht mehr aufrichten. Doch noch war der Riese Ortler nicht ausgewachsen, und er wuchs immer mehr und mehr, und in seinem jugendlichen Leichtsinn wuchs ihm auch der Hochmut. Nun war er schon größer als die meisten Bergspitzen, und da er so weit sehen konnte und über allem zu stehen schien, sah er verächtlich auf das weite Land herab. Niemand im Land, so glaubte er, schien ihm gewachsen zu sein. Neben dem alten Geschlecht der Riesen lebte hier aber auch das alte Geschlecht der Zwerge, und der Stilfser Zwerg nahm sich vor, dem Riesen Ortler mal eins auszuwischen. Mutig stieg er aus dem Tal herauf, kletterte frech am Bein des Riesen hoch, dann weiter über seinen Bauch bis hin zu den Schultern. Dort holte er ein wenig Luft und hangelte sich anschließend über das Ohrläppchen auf den Kopf des Riesen. Hier oben schlug er nun übermütig einen Purzelbaum und rief:

„Ach, Riese Ortler, wie bist du noch klein,
kleiner als das putzige Nörggelein.
Du bist gewachsen soviel tausend Jahr',
streckst deine Nase in den Himmel gar.
Was nützt dir das, was nützt dir das?
Der Stilfser Zwerg, der Nudelhopf,
ist größer doch, ist größer doch
heroben da auf deinem Kopf!"

Der Riese Ortler fuhr sich mit seiner gewaltigen Hand durch die Haare und wollte sich den boshaften Zwerg wie eine Fliege schnappen, doch der entwischte ihm zwischen den Fingern. Dann versuchte er, den „Nudelhopf" einfach von seinem Kopf zu streichen, aber in diesem Moment konnte sich der Riese nicht mehr bewegen. Langsam, von unten nach oben, wich das Leben aus seinem Körper, und als er seine aussichtslose Lage erkannt hatte, da erstarrte auch sein Kopf und wurde von Eis und Schnee überzogen.

Von den Saligen Fräulein

Die Saligen Fräulein sind wunderschöne Frauen in langen, weißen Gewändern, die im Wald oder hoch oben auf den Fernern in Felsenhöhlen leben. Sie sind die Beschützerinnen der Wildtiere – besonders die Gämsen liegen ihnen am Herzen –, und den Jägern nehmen sie ihre Jagdleidenschaft sehr übel, so dass schon mancher diese mit dem Leben bezahlen musste.

In der Gegend des Schwarzsees im Dreiländereck im Vinschgau war ein Jäger wieder einmal auf der Jagd. Oft schon war es ihm passiert, dass genau in dem Moment, als er zum Schuss ansetzen wollte, plötzlich ein lauter und durchdringender Ruf aus dem Wald oder vom Berge kam und ihm das Tier aufscheuchte. Heute jedoch hatte er auf ein junges Reh geschossen und es endlich auch getroffen. Nun folgte er dem verwundeten Tier durch das Gebüsch und gelangte auf eine Waldlichtung, wo er das angeschossene Tier zu Füßen einer schönen, blassen Saligen fand. Die Salige war gerade damit beschäftigt, dem Reh die Wunde auszuwaschen und einen Verband mit heilsamen Kräutern anzulegen.

Schneidig ging der Jäger auf sie zu und wollte nach seiner Jagdbeute greifen, da erhob sich die Salige mit zornfunkelnden Augen und sagte, ihm die schneeweiße Hand entgegenstreckend:

„Lass ab, lass ab –
der nächste Mond bescheint dein Grab!"

Und so war es auch, noch vor Monatsende wurde der Jäger von einem Wilderer erschossen.

Den braven und fleißigen Menschen halfen die Saligen bei der Arbeit, besonders bei der Feldarbeit und beim Spinnen, und sie lebten meist in den Gegenden, wo Lein angebaut wurde, ihre Augen haben ja die blaue Farbe der Leinblüten. Besonders viel gesehen wurden sie im Vinschgau und im benachbarten Ötz- und Passeiertal. Doch auch in Afers bei Brixen haben früher im Wald die Saligen Weibelen gehaust. Sie machten auf die Menschen immer einen stillen und traurigen Eindruck, aber sie hatten die Leute gern und halfen ihnen oft bei der Arbeit. Wenn einer zweifelte, ob das wohl etwa ein Saliges Weibele sei, dann gingen sie davon.

Auch warnten sie die Leute vor Unglück. Dabei zeigten sie sich aber nie, sondern riefen die Warnung aus einem Schuppen im Wald dem Vorbeigehenden zu.

Oft dienten sie als Mägde bei den Bauern, und dann ging es Haus und Hof immer gut, doch blieben sie nie lange. Meistens wurden sie nach einer gewissen Zeit „abberufen", wenn ihnen eine Nachricht überbracht wurde und damit ihr Name, der bis zu diesem Moment ein Geheimnis war, bekannt wurde. Auch wusste niemand, woher eine solche Magd gekommen war.

„Zu Nitze", einem großen Hof in Afers, da ließen die Schnitterinnen einmal abends etliche Sicheln draußen. In der Nacht kamen dann die Saligen Weibelen und schnitten ein tüchtiges Stück Feld. Am nächsten Abend ließen die Frauen wieder die Sicheln draußen und stellten den guten Weibelen eine große Schüssel voll „Türtlen" hinaus, damit sie sich an den Teigtaschen stärken konnten. Die Weibelen haben's nämlich gern, wenn man ihnen zu essen gibt, und als Dank schnitten sie in der Nacht das Feld fast fertig.

Beim Mesner in Afers warf ein Saliges Weibele einmal einen Fadenknäuel zur Tür hinein und rief:

„Fragt nicht nach dem End'!"

Der Knäuel wurde niemals „gar". Einmal fragte die Näherin jedoch:

„Wo ist denn da ein End'?"

Daraufhin hatte sie nur mehr ein Häuflein Asche in der Hand und das immerwährende Geschenk war vergangen.

Als einmal die Bäuerin zu Velton Krapfen buk, stand plötzlich ein kleines, nettes und sehr traurig wirkendes Weibele vor dem „Kuchlfenster" und bettelte um Krapfen.

„Da hast du deine Krapfen", rief ihm die Bäuerin zu und schüttete es mit einer Kelle voll heißem Schmalz an.

Da sagte das Weibele: „O och! O weah! Bis af'n Neunt'n koa reicher Veltoner mea!"

Und so kam's auch, weil es nämlich ein Saliges Weibele gewesen war, dem man nur Gutes tun soll. Erst der zehnte Besitzer des Veltonerhofes kam wieder zu Wohlstand.

Etwas Ähnliches passierte einmal beim Eggerbauern in Vöran, auf den sonnigen Höhen des Tschögglberges. Dem ging es wirtschaftlich nie besonders gut, aber auch nie besonders schlecht. Dann aber wurde von einem auf den anderen Tag alles anders, ohne dass sich jemand die Ursache für diesen steigenden Wohlstand erklären konnte. Plötzlich besaß er so viel Geld, dass er damit seinen Fußboden hätte pflastern können, und so viel Korn, dass es für das Brot von ganz Vöran gereicht hätte, und mit seinem Holz hätte man hundert Backöfen heizen können. Sein Heustadel war so groß wie alle Vöraner Heustadel zusammen, und mit dem Mist seiner vielen Kühe hätte er die Möltener Wiesen düngen können.

Wenn die Viehmagd in den Stall ging, um die vielen gut genährten Kühe zu melken, dann kamen jeden Abend zwei Salige Fräulein mit langem, blondem Haar und schneeweißen Gewändern herein und tranken ein wenig Milch aus dem Kübel. Keiner der Knechte oder Mägde verwehrte ihnen das, denn seitdem die beiden Saligen Fräulein in den Stall kamen, war der Egger reich und reicher geworden. Und das Eigentümliche war, dass die Milch im Kübel nicht weniger, sondern nach dem Trinken mehr geworden war.

Einmal kam jedoch der Bauer selber in den Stall, und der war an diesem Tag besonders zornig. Als er sich umschaute, da sah er die beiden Saligen Fräulein, wie sie eben aus dem Kübel von der frisch gemolkenen Milch tranken.

Wütend riss er den Fräulein den Kübel aus den Händen und schüttete ihnen die ganze Milch ins Gesicht, so dass diese dann auf ihre weißen Kleider rann:

„Zum Teufel, was sauft ihr da meine Milch!", schrie er dabei und warf den leeren Kübel in eine Ecke.

Die erschrockenen Saligen flüchteten aus dem Stall, drehten sich aber bei der Tür noch einmal um und sagten traurig:

„Au und weah
und nia koa reicher Egger meahr!"

Dann gingen sie davon, und keiner hat sie jemals wieder gesehen.

Einmal war eine Salige im Obervinschgau auf der Flucht vor dem Wilden Mann und konnte sich gerade noch auf die Türschwelle eines Bauernhauses retten, wo sie in Sicherheit war. Genau an dieser Stelle blieb sie nun neun ganze Tage und Nächte stumm und unbeweglich sitzen. Das ärgerte den Bauern, der sowieso ein roher und ungastlicher Mensch war, und er stieß sie beim Ein- und Ausgehen jedes Mal grob auf die Seite.

„Du Tagediebin, stell halt aus!", schimpfte er dazu.

Doch die Salige ließ alles über sich ergehen, sagte kein Wort und verzog keine Miene. Dann aber war es aus mit der Geduld des Bauern:

„Geh jetzt sofort aus meiner Tür!", schrie er sie an, und als sie sich immer noch nicht erhob, nahm er einen Stock und schlug mit jedem Wort auf sie ein. „Wer nicht hören will, muss fühlen – so – und so – und so – jetzt weißt du's!"

Da stand die Salige Jungfrau zornig auf, streckte dem rohen Menschen ihre schneeweiße Hand entgegen und sagte mit funkelnden Augen:

„Krumm und lahm,
bis auf den neunten Stamm!"

Daraufhin ging sie und verschwand im Wald.

„Ja, ja, geh du nur wieder zu deinen Stämmen in den Wald", lachte ihr der Bauer höhnisch nach, aber noch in derselben Stunde erlahmte dem Frevler der Arm. Es war genau der Arm, mit dem er die Salige geschlagen hatte, und einige Wochen später stürzte er über seine Türschwelle und renkte sich die Hüfte aus. Daraufhin blieb er krumm und lahm bis an sein Lebensende, und auch seine Kinder und Enkel traf dasselbe Los, bis in die neunte Generation.

Der Bauer am Hof zum oberen Kofel im Ultental hatte ein Saliges Fräulein um die Ehe gefragt und dieses willigte ein, aber nur unter einer Bedingung. Er musste der Schönen versprechen, niemals jemandem zu verraten, dass sie eine Salige war.

Und das versprach ihr der Oberkofler hoch und heilig, und wenig später wurde Hochzeit gehalten. Als ein Jahr vergangen war, stellte sich auch schon Nachwuchs auf dem Hof ein und alles war in bester Ordnung, zumal der Hof immer bessere Erträge abwarf.

Doch eines Abends hatte der Oberkofler im Wirtshaus einmal ein Gläschen zu viel getrunken und begann vor den Freunden zu prahlen, was ein allgemeines Gelächter auslöste.

„Ihr braucht gar nicht zu lachen! Denn keiner von euch hat so eine Frau wie ich sie habe. Ich habe nicht nur die schönste Frau im ganzen Tal, sie ist auch noch die vornehmste Frau – die Meinige ist nämlich eine Salige!"

Als er spätabends nach Hause kam, fand er weder seine Frau noch sein Kind im Haus. Die Wiege war leer und schon ganz ausgekühlt, und auch im Herd brannte kein Feuer mehr. Er wunderte sich sehr darüber, legte sich aber erst einmal mit seinem Rausch schlafen. Als seine Frau auch am nächsten und übernächsten Tag nicht wiederkam, erinnerte er sich an das Versprechen, das er seiner Frau gegeben hatte, und erkannte, was er mit seiner Prahlerei und Schwatzhaftigkeit angerichtet hatte. Doch die Frau und das Kind kamen nie mehr zurück und wurden auch nie wieder gesehen.

Nach anderen Erzählungen hatten die beiden dreizehn Kinder zusammen und erst als sie beide miteinander alt geworden waren, plagte den Bauern die Neugierde. Halb im Scherz fragte er deshalb, ob sie wohl eigentlich aus dem Kindleinsbrunnen geholt worden war. Da rollten der Saligen zwei Tränen hinunter und sie rief mit halb erstickter Stimme:

„Fragst du, so klagst du!"

Wenige Augenblicke später war sie fort und hatte alle dreizehn Kinder mitgenommen. Nie kam eines von ihnen wieder und der törichte, alte Bauer war von nun an allein mit seiner Verzweiflung.

Sudl, bring mir Nudel

Eine sehr kuriose Almgestalt gibt es im Matscher Tal, einem Seitental im Vinschgau. Wenn die Kühe von der Alpe herabgezogen sind und man zur verlassenen Almhütte der Matscher Alm hinaufgeht, kann man einer dämonischen Sennerin begegnen. Diese Sennerin hatte sich zu Lebzeiten versündigt, da sie nicht sauber arbeitete, Milch verschwendete und damit auch den Almnutzen schmälerte. Oft schon wurde in der Gegend von der Almsudl erzählt, und eines Tages machten sich zwei Burschen auf den Weg, weil sie wissen wollten, ob etwas Wahres dran war, dass nach der Almabfahrt hier die Almsudl einzog. Wie sie nun zur Hütte kamen, riefen sie hinein:

„Sudl, bring mir Nudel!"

Da erschien aus dem Nichts eine Hand mit einer gewaltigen Pfanne voll Nudeln bester Qualität, so wie man sie früher auf den Berghöfen herstellte und die heute am ehesten mit Gnocchi zu vergleichen sind. Die Nudeln wurden mit viel Schmalz abgeschmolzen und nun von der gespenstigen Hand auf den Tisch gestellt.

Mit großem Appetit machten sich die beiden ans Essen, denn so viel wussten sie aus den Erzählungen auch noch, dass man die Pfanne leer essen muss, sonst wird einem die Sudl etwas Schlimmes antun und zuletzt sogar töten.

Tapfer aßen die beiden die Schmalznudeln aus der Pfanne – bald hatten sie zwar keinen Hunger mehr, aber die Pfanne war immer noch nicht leer. Als sie die Hälfte gegessen hatten, konnten sie beim besten Willen nicht mehr weiteressen und mussten sich nun etwas einfallen lassen.

Sie ließen daher, während sie das Essen zum Mund führten, einen Teil der Nudeln durch den Jackenärmel gleiten und leerten auf diese Weise die ganze Pfanne. Sodann standen sie schnell auf und verließen glücklich die Hütte. Wohl nur ihrem guten Einfall verdankten sie ihr Leben, wollten nun die Sudl aber nie wieder herausfordern.

Vom alten Tappeiner

In einem alten Landreim heißt's:

„Pinet, Lechtl und Tappein
sein die drei schönsten Höf', die im Landl sein."

Auf dem Tappeinerhof war vor sehr langer Zeit ein Mann Bauer, der sich nicht nur mit Ackerbau und Viehzucht auskannte, sondern der auch noch in den Schwarzkünsten bewandert war.

Als der alte Tappeiner einmal einen Stadel bauen wollte, ließ er bereits am Sonntagabend zwölf Zimmerleute kommen, damit sie gleich pünktlich am Montag in der Früh mit dem Werken anfangen konnten.

„Ja, und womit sollen wir arbeiten, wenn kein Holz da ist?", fragten sie ihn erstaunt und einige wollten schon wieder gehen.

„Ei wohl, das Holz wird morgen schon da sein, das soll nicht eure Sorge sein. Doch wenn ihr in der Nacht einen Lärm hört, dann seid's gescheit und schaut's nicht zum Fenster heraus!", mahnte sie der alte Tappeiner.

Die Zimmerleute lachten sich eins, gaben sich aber damit zufrieden und gingen schlafen. Punkt Mitternacht wurden sie jedoch durch einen Höllenlärm geweckt. Wagen rasselten, Rösser stampften und wieherten und Holz wurde unter schrecklichem Gepolter abgeladen. Da wunderte es einen, und der wollte sich vor lauter Neugierde nicht an die Warnung des alten Tappeiners halten. Er steckte seinen Kopf durch das Fensterkreuz und ehe er wusste, wie ihm geschah, wurde ihm der Kopf abgerissen.

Nach einer Stunde war der Spuk vorbei und es war so still, als ob einer Mühle das Wasser abgekehrt worden wäre. Als die anderen Zimmerleute morgens erwachten, fanden sie den Neugierigen ohne Kopf vor dem Fenster in der Kammer liegen, und als sie den abgerissenen Kopf draußen vorm Fenster „auf der Gasse" fanden, da war niemandem mehr wohl in seiner Haut. Holz war aber jetzt genügend auf dem Bauplatz und keiner zweifelte mehr daran, dass der Teufel es in der Nacht gebracht hatte.

Ein anderes Mal ritt der alte Tappeiner in so schnellem Galopp von Schlanders zu seinem Hof hinauf, dass sein Ross tot umfiel, als sie auf Tappein ankamen. Der Teufel hatte aber vor dem Ross herlaufen und den ganzen Weg von Schlanders bis Tappein pflastern müssen. So entstand das „Pflasterle" nach Tappein hinauf.

Auch ein Hexenbüchlein hatte der Tappeiner bei sich in der Bauernstube. Als er einmal zur Messe hinunter ins Dorf gegangen war, wobei er für den Hin- und Rückweg jeweils eine Stunde brauchte, bekamen die Kinder daheim das Büchlein in die Hände und lasen darin.

Natürlich verstanden die Kleinen nicht, was sie da taten, und vor allem, was sie da lasen, dennoch taten die Formeln ihre Wirkung.

Denn als der Bauer von der Kirche zurückkam, war die ganze Stube voll schwarzer Teufelchen und die Kinder konnten mit dem Lesen nicht mehr aufhören. Erschrocken schaute sich der Tappeiner die Situation an, dann entriss er ihnen schnell das Büchlein, um nicht noch mehr Teufel in die Stube zu bekommen. Sogleich wollte er mit einem Gegenzauber beginnen, aber keiner schien zu helfen und die kleinen Teufel wollten nicht leer wieder abziehen, sondern forderten eines der Kinder als Opfer. Nun wurde dem alten Tappeiner angst und bange, doch dann ging er einen Handel mit ihnen ein. Sie dürften sich ein Opfer nehmen, doch müssten sie ein von ihm ringsum ausgesätes Star (30,5 Liter) Mohnkörner bis auf den letzten Kern wieder einsammeln, und zwar in der Zeit, in der er das von den Kindern bereits Gelesene wieder rückwärts gelesen hätte. Die kleinen schwarzen Teufel gingen auf den Vorschlag ein und flugs verteilten sie sich nach allen Seiten, um die Körnlein aus jeder Kluft, aus den verwinkelsten Ritzen und Spalten, herauszusuchen. Die ganze Stube schien vor kleinen, flinken Leibern zu brummen und zu leben. Und siehe da!

Noch ehe der Bauer mit seinem Rückwärtslesen fertig war, standen die Bocksfüßler schon mit den eingesammelten Mohnkörnern wieder da und forderten ihren ausgemachten Lohn. Die Kinder zitterten, welches von ihnen wohl mitgehen müsse, da fragte der Bauer:

„Habt ihr auch wirklich den gesamten Mohn wieder eingesammelt, bis auf den letzten Kern?"

Und als die kleine Teufelsarmee bejahend mit dem Kopf nickte, zeigte der schlaue Tappeiner auf den Weihbrunnen, in den er auch drei Körner hineingeworfen hatte, mit den Worten:

„Da wären auch noch etliche."

Da machten die Teufel ein langes Gesicht und mussten leer abziehen.

Sagen um Margarete Maultasch und ihre Burg

Kaum eine Gräfin ist im deutschsprachigen Alpenraum so bekannt wie Margarete „Maultasch", wie sie umgangssprachlich genannt wurde, die ehemalige Gräfin vom Land Tirol. Ihren Bei- oder „Übernamen" soll sie erhalten haben, weil sie angeblich einen besonders breiten Mund mit einer wulstigen Lippe und einer hässlich gestalteten Kinnlade besaß.

Andere wissen zu erzählen, dass sie öfters mit ihrem zweiten Mann Ludwig dem Brandenburger, einem Sohn

Kaiser Ludwigs des Bayern, Streit hatte und ihm dabei mit ihrem Pantoffel auf den Mund haute. Daraufhin gab er ihr eine kräftige „Maultasche", und sie wiederum soll sich gerächt haben, indem sie ihre Länder nicht den bayerischen, sondern den österreichischen Herzögen vermachte.

Aufgewachsen ist sie als einziges erbfolgeberechtigtes Kind von Heinrich VI. Herzog von Kärnten und Graf von Tirol auf dem Stammschloss der Tiroler Grafen bei Meran, welches damit auch als die Wiege des Landes Tirol gilt. Ihr Vater verstarb im Jahr 1335. Vorher „erstickte" er einmal während eines Tobsuchtsanfalles und wurde bereits in der bekannten Burgkapelle aufgebahrt. Doch kam er dort wieder zu Atem und rief laut aus der Gruft um Hilfe. Erst zwei Jahre später starb er wirklich und wurde in der landesfürstlichen Grablege in der Stiftskirche Stams beigesetzt, die von seinem Vater gestiftet worden war. Mit dem Tod des lebensfrohen Landesfürsten Heinrich zogen aber auch die Zwerge aus den Berghöhlen der Umgebung weg, die so gerne in die Häuser der Menschen kamen, aßen und tranken und dann tanzten und spielten und sich durch manchen Dienst erkenntlich zeigten. Sie sollen Edelsteine besitzen, die sie unsichtbar machen, damit die Menschen nicht sehen, wie hässlich sie sind. Natürlich wäre es auch möglich, dass die Zwerge noch da sind und wir sie nur nicht mehr sehen können.

In der bekannten, zweigeschoßigen Kapelle auf Schloss Tirol hängt ein uraltes Kruzifix, das sehr mit dem Grafengeschlecht verbunden zu sein scheint. Denn jedes Mal, wenn ein Landesfürst stirbt, fällt ein Stück vom Kreuz ab. Als 1363 Margaretes Sohn aus zweiter Ehe, Meinhard, noch sehr jung starb, brach das größte Stück vom Christus ab, und die Seitenwunde öffnete sich und blutete, bis die Leiche des Fürsten beigesetzt worden war.

Margarete Maultasch wurde bereits mit dreizehn Jahren mit dem um fünf Jahre jüngeren Johann Heinrich von Böhmen verheiratet, der so gar nicht für seine Aufgabe als Landesfürst geeignet schien, so dass mancher Tiroler daran glaubte, der Bursch müsse verhext sein. Die Ehe der beiden war überhaupt nicht glücklich, und so suchte Margarete ihre Erfüllung bei anderen Burschen und Männern und schaute sich besonders gern nach Passeirer Burschen um. Wenn diese ihren Ansprüchen aber nicht genügten oder schließlich „abgeliebt" waren, ließ sie ihre Opfer einfach in den Fallturm des Schlosses werfen. Andere wiederum, die ihre Dienste wohl sehr gut gemacht haben, bekamen außerordentlich privilegierte Schildhöfe im Passeiertal als Lehen. Die Bewohner des Passeiertals waren der Herzogin tief ergeben und halfen ihr auch, den ungeliebten Ehemann Johann zu vertreiben. Oft soll Margarete geklagt haben:

„Langer Liebesmangel
ist meines Herzens Angel!"

Und da sie der „Liebesmangel" wie ein Dorn stach, so scheint es auch nicht weiter verwunderlich, dass an den Erkerfenstern der Meraner Burg und der Zenoburg, die von der Herzogin bewohnt wurden, „Angeln" angebracht waren, an denen ein Eisenkorb in den Hofraum hoch- und runtergelassen werden konnte. Angenehme Gäste konnten so zur Kemenate der Herzogin hinaufgezogen werden.

Doch vergnügte sich die Herzogin nicht nur mit den Burschen aus dem Passeiertal, auch ein Hans Goldegger aus Jenesien war ihr treu ergeben. Noch dazu hatte er drei Brüder, denen „Schönheit, Größe und Stärke" nachgesagt wurde. Sie standen alle im Wohlwollen Margaretes, die ihnen allerlei verbriefte Freiheiten gewährte. Sie stiegen bald zu Freisassen auf, aus denen die Freiherren von Goldegg hervorgingen. In der Nähe des Schlosses Turnstein, das manche für einen Vorgängerbau der Stammburg halten, kann man in der Nacht noch heute schöne Melodien hören. Diese stammen allerdings von einem Knappen, der ebenfalls in der hohen Gunst der Herzogin stand. Der wenig beliebte und noch dazu gehörnte Ehemann Johann erschoss den Knappen auf einem Jagdausflug, dessen Geist nun keine Ruhe finden kann und der in der Nacht musizierend umgehen muss.

Weil das nicht die erste Untat des faulen Johann war, gab Margarete ihm den Laufpass und vermählte sich neu mit dem werbenden Ludwig von Brandenburg.

Der Bräutigam kam über den Jaufenpass angereist, mit glänzendem Hofstaat, auch der Bischof von Freising befand sich hoch zu Ross darunter. Dieser war zu Unrecht dazu bereit, die Scheidung von Johann und die Trauung mit Ludwig zu vollziehen. Als es auf der Passeirer Seite den Jaufenpass wieder hinunterging, machte sein Pferd einen Fehltritt, der Bischof fiel herab und kollerte den Hang hinunter in den Tod. Dennoch wurde die Hochzeit im Februar 1342 gefeiert.

Die Ehe mit Ludwig schien besser zu funktionieren, und bald schon brachte Margarete einen Thronfolger zur Welt. Dennoch pflegte Margarete mehr als „freundschaftliche Beziehungen" zu einem Herrn von Frauenberg, und noch dazu so offensichtlich, dass man schon darüber munkelte, ob auch ihr zweiter Mann verhext sei, dass er ihrem Treiben einfach so zusah. Auf einer Rückreise des Ehepaares von München vertraute sich Ludwig aber jemandem an, dass er den Schänder seiner Ehre schon in seine Schranken weisen werde. Dieses Geheimnis blieb aber nicht lange geheim, und die Herzogin bangte um das Leben ihres Geliebten. Sie schritt nun selber zur Tat und ließ ihren Mann in Rattenberg vergiften, ehe er sich an seinem Nebenbuhler rächen konnte.

Margarete regierte gerne und konnte sich nicht recht an den Gedanken gewöhnen, ihr Amt an ihren Sohn Meinhard abzugeben, der noch dazu schön, gebildet, freundlich und über alle Maßen bei seinen Untertanen beliebt war. Es gab oft Streit zwischen ihm und seiner herrschsüchtigen Mutter. Einmal rutschte ihm im Streit heraus:

„Ich weiß schon, wer meinem Vater am meisten den Tod gewünscht hat!"

Nun war es an Margarete, um ihr Leben zu zittern, und auf einer Tanzveranstaltung wurde dem jungen Herzog Gift in sein Getränk gemischt und er verstarb gemeinsam mit vier Freunden.

Margarete aber wurde trübsinnig, saß oft tagelang am Fenster und wollte nicht mehr ins richtige Leben zurückkehren. Eines Tages vertraute sie sich ihrem Hofnarren an und der riet ihr:

„Hohe Frau, wenn Ihr das Land den Herzögen von Bayern übergebt, so werdet Ihr für den Rest Eures Lebens als Fürstin behandelt werden, gebt Ihr das Land denen von Österreich, so werdet Ihr als Magd gehalten werden."

Und so sollte es auch in Erfüllung gehen, weil Margarete nämlich verarmt in Wien starb. Jedoch kann sie im Tod keine Ruhe finden und muss umgehen. Auf Schloss Tirol erschien sie einmal bei einer Hochzeit. Sie erschreckte die Gäste und hielt das neu vermählte Paar in der Hochzeitsnacht wach, indem sie ununterbrochen mit einem Schwert auf die Brautleute einschlug, dabei aber niemanden verletzte.

Die Burgruine Neuhaus, eines der Wahrzeichen Terlans, wird heute noch von den Einheimischen nach seiner ehemaligen Besitzerin „Maultasch" genannt, weil sie sich hier besonders gerne aufhielt, um die prächtige Aussicht zu genießen. Auf Neuhaus sind einige merkwürdige Sachen passiert:

Hier lebte, es ist schon sehr lange her, ein Junker, der allen Mädchen schöne Augen und noch schönere Versprechungen machte. Auch einer jungen Dirn hatte er in Aussicht gestellt, bei ihm eine gute Arbeit zu erhalten, sie solle nur zu ihm hinauf auf das Schloss kommen. So machte sich das junge Mädchen auf den Weg zum Schloss, da kam ein Jäger aus dem Gebüsch und baute sich vor ihm auf. Mit seinen dunklen, stechenden Augen und spöttischem Blick sprach er sie an:

„Dirndl, Dirndl, bleib herunt', da droben ist's nix für dich! Da droben verlierst du deine Ehre und sonst nix. Lass dich warnen!"

„Ah, papperlapapp, lass dich nicht auslachen, du Narr. Arbeiten will ich und nicht mehr und nicht weniger", erwiderte die Dirn. Sie hielt sich nicht länger auf und ging ihren Weg weiter zum Schloss und summte ein Lied vor sich hin.

Acht Monate später kam die Dirn den gleichen Weg vom Schloss wieder herunter. Sie hatte Tränen in den Augen, ihre kleine Tasche bei sich und ihr Bäuchlein verriet, dass sie schwanger war. Mit jedem Schritt, den sie näher ins Dorf kam, wurde sie hoffnungsloser und trauriger. Da stand plötzlich genau an derselben Stelle wiederum der Jäger, der lachte und sagte:

„Nun, Dirndl? Wie steht's, wie geht's?"

Da begann die Dirn zu schluchzen und zu weinen und sagte:

„Der Teufel hat mich geschickt, da hinaufzugehen!"

Da machte der Jäger drei Schritte zurück und war sprachlos. Dann aber sprang er auf das Mädel zu, schlug ihr eine so „gesalzene" Maulschelle ins Gesicht, dass sie zu Boden fiel, und schrie:

„Ho, du verlogenes Lügenluder, du! Du bist sogar für die Hölle zu schlecht! Habe ich nicht vor acht Monaten hier gestanden und dich gewarnt hinaufzugehen? Und nun sprichst du, ich hätte dich hinaufgeschickt? Da muss ja die Hölle platzen bei so einer Lüge und du sollst an diese Maultasche zeitlebens denken", und so war auch. Aus diesem Grund soll das Schloss umgangssprachlich „Schloss Maultasch" genannt werden.

Vielen ist auch bekannt, dass „auf der Maultasch" ein Schatz vergraben sein soll, aber noch niemandem ist es gelungen, ihn zu heben. Zwei Meraner machten sich einmal in der Nacht auf den Weg, um ihn zu suchen. Auf dem weiten Weg dahin unterhielten sie sich nicht gerade leise und malten sich schon aus, wie sie den Schatz ergattern würden. Wie sie sich nun gegenseitig Mut zusprachen, hörte ein Metzgerknecht ihre Reden und beeilte sich, seinen großen Hund zu holen und schon vor ihnen auf die Burg zu kommen. Dort versteckte er sich mit dem riesigen Hund im unterirdischen, dunklen Gang, der zum Schloss führt und wo der Schatz liegen soll.

Wenig später kamen auch die beiden Meraner zum Eingang des Knappenloches, murmelten Zaubersprüche, vermischt mit stärkenden Gebeten, und streuten geweihtes Pulver vor sich her.

Da ließ der Metzgergehilfe seinen Hund los, und fast zu Tode erschrocken und schreiend stürzten die Helden zum Loch hinaus. Auf ihrer Flucht riefen sie alle Heiligen Gottes um Hilfe an, in der Meinung, der Teufel habe sie schon beim Genick. Die beiden Meraner hatten nun ihre Lektion gelernt.

Jutta von Braunsberg

Bei Lana oberhalb der Gaulschlucht steht noch die ehemalige Burg Braunsberg, nur hat sie heute nicht mehr den wehrhaften Charakter wie früher und wird als Schloss bezeichnet. Der Ritter von Braunsberg lebte hier glücklich verheiratet mit seiner jungen, hübschen Frau Jutta. Als sich die Ritter Tirols an den Kreuzzügen beteiligten, folgte auch er dem Ruf und machte sich auf nach Palästina. Seine junge Ehefrau konnte er natürlich nicht mitnehmen und musste sie allein zurücklassen, abgesehen von den Bediensteten, die damals mit auf der Burg lebten. Der gerade erst verheiratete Ritter hatte ein mulmiges Gefühl und fragte sich, ob seine hübsche junge Frau ihm wohl treu bliebe, denn es war voraussehbar, dass er viele Monate von ihr getrennt sein würde. Kurz vor seinem Aufbruch übergab er seinem Burgvogt die gesamte Vollmacht über Burg und Mensch, er trug ihm ebenfalls auf darauf zu achten, dass das Leben auf der Burg ganz normal weiterginge, und er möge doch bitte ein besonders waches Auge auf seine Ehefrau haben, dass sie während seiner Abwesenheit nicht auf falsche Gedanken komme.

Gerne versprach ihm der Burgvogt, sich um alles zu kümmern, als wäre er der edle Herr selber. Etwa eine Woche, nachdem der Ritter sich in voller Montur auf den Weg ins Heilige Land gemacht hatte, klopfte es bei Jutta in der Nacht an die Tür ihres Schlafgemaches. Erschrocken fragte sie, wer da sei.

„Ich bin's, der Burgvogt, bitte öffnet die Tür!", rief er.

„Ich bin ja schon im Bett, nein, zu dieser Zeit kann ich niemandem die Tür öffnen", gab sie ihm zur Antwort.

„Ja, dann kann ich mir schon denken, dass Ihr einen wichtigen Grund in Eurem Zimmer haben müsst, dass Ihr mich nicht hineinlassen könnt", erwiderte er knurrend.

Jutta hatte schon lange bemerkt, dass der lüsterne alte Burgvogt wohl gewisse Gedanken hegte, wenn er sie so oft ansah. Sie hatte aber nie gewagt, mit ihrem Gatten darüber zu sprechen.

Am nächsten Tag in der Mittagszeit lauerte ihr der Vogt im Rosengarten auf und nahm sie grob zur Seite.

„Jutta, meine Liebe, heute Nacht erwarte ich, dass Ihr mir Eure Tür öffnet. Ich habe alle Pflichten vom Ritter von Braunsberg übernommen und ich möchte mir nach seiner Rückkehr nicht vorwerfen lassen, dass ich etwas vernachlässigt habe." Dann wurde er fast laut und sagte drohend:

„Also, öffnet auf d'Nacht die Tür oder ich muss andere Seiten aufziehen!" Dazu stach er ihr mit dem Finger in die Seite, dass sie ihn nur erschrocken ansah und nicht zu schreien wagte.

Aber Jutta ließ sich nicht so leicht einschüchtern und achtete von nun an darauf, dass der Burgvogt sie nie mehr allein zu fassen bekam. Eine Magd, zu der sie großes Vertrauen hatte, ließ sie ab dieser Zeit in der Seitenkammer schlafen, sodass sie nicht ganz alleine war in der Nacht.

Der Burgvogt erkannte schnell Juttas Spiel und schwor, sich an ihr zu rächen. Als der Ritter nach vielen Monaten von dem Kreuzzug nach Hause zurückkehrte, da zeigte der abgewiesene Liebhaber ihm zum Beweis von Juttas Untreue ihren Ehering, den sie ihm angeblich in einer heißen Liebesnacht überreicht habe.

„Kerker, ab in den Kerker mit ihr!", schrie der Ritter aus vollem Hals und schmiss wutentbrannt sämtliche Weingläser an die Wand.

Schnell lief die Magd zu Jutta und berichtete von dem Vorfall und die edle Dame, die ihren Mann gut kannte, wusste, dass er einen bereits gefassten Entschluss nie wieder aufgab.

Jutta ging zum Fenster und stieg auf den Sims:

„Gott sei mein Zeuge, dass ich mich niemals der Untreue schuldig gemacht habe", sprach sie, und ehe sie die Magd festhalten konnte, war sie bereits gesprungen und fiel in den tiefen Falschauerbach. Die Magd begann zu schreien und hörte gar nicht mehr auf; alle Burginsassen und auch der gerade Heimgekehrte liefen zur Falschauer hinunter.

„Das wollte ich nicht, das wollte ich nicht!", rief der Ritter fassungslos, als er sie durchnässt im Wasser liegen sah.

Doch was war das? Jutta bewegte sich, stand auf und erzählte freudig von vielen Engeln, die sie sanft aufgefangen hätten. Der Burgvogt aber war in der Burg geblieben und sah sich alles von oben aus an; nun war es an ihm zu springen, doch er blieb zerschmettert und blutverschmiert im felsigen Abgrund liegen.

Das Ehepaar hielt sich in den Armen; Jutta berichtete dem Gatten, dass sie im Rosengarten den Ehering abgelegt und dann nicht mehr wiedergefunden hatte, so sehr sie und die Bediensteten auch gesucht hätten. Beide gelobten, ehe sie miteinander in die Burg zurückkehrten, eine Bußfahrt in das berühmte Kloster Weingarten in Ravensburg. Manchmal aber soll man in besonders dunklen Nächten die arme Seele des Burgvogtes als blaue Flamme in der Klamm umherhüpfen gesehen haben.

Herzog Friedrich mit der leeren Tasche

Herzog Friedrich „mit der leeren Tasche", wie ihn seine Feinde nannten, hatte in seiner Amtszeit einige Hindernisse zu überstehen. Am Anfang des 15. Jahrhunderts kamen revolutionäre Ideen aus Trient in sein Land, und kaum hatte er diese Aufstände bewältigt, da bildete

Heinrich VI. von Rottenburg einen Bund von Adeligen, die sich gegen den Herzog auflehnten und ihn schließlich bekämpften. Auch die Herren von Schlandersberg und Starkenberg hatten sich gegen ihn verschworen. Die mächtigen Ritter von Schlandersberg lebten auf ihrer gleichnamigen Burg im Vinschgau und hatten von König Heinrich von Böhmen die Burg Hochgalsaun noch zu ihrem Besitz dazu bekommen. Als nun Friedrich mit der leeren Tasche mit seinen Männern die ihm feindlich gesinnten Ritter im Etschtal bekämpfte, belagerte er auch die unüberwindlich scheinende Burg Hochgalsaun. Es dauerte nicht lange, da hatte Friedrich die Festung ausgehungert, und als die Burg nicht mehr zu halten war, übernahm die Burgfrau die Verhandlungen mit dem Herzog von Tirol. Die Burgherrin war eine Starkenbergerin, und sie trat vor den Herzog hin und übergab ihm die Schlüssel zur Burg, doch wollte sie dafür freien Abzug gewährt bekommen, samt ihren Habseligkeiten, die sie tragen könne. Diese Bitte gewährte ihr Friedrich und war gespannt, was die Burgherrin wohl jetzt alles selber heraustragen würde.

Als sie nun aus der Burg herabschritt, trug sie in ihrer Schürze ihre Schriften und wichtigsten Dokumente, wie Lehnbriefe über Land und Leute. Auf ihrem Rücken aber –trug sie ihren Mann.

Da machten die feindlichen Belagerer wohl große Augen, doch Friedrich hielt sein Wort und ließ den Feind, auf dem Rücken seiner Frau getragen, abziehen.

Kurze Zeit später gab es auf einmal drei Päpste, von denen ein jeder den Anspruch erhob, das wahre Oberhaupt der katholischen Kirche zu sein. Im Konzil zu Konstanz sollte dieser Missstand behoben und der richtige Papst ermittelt werden. Herzog Friedrich hielt Johannes XXIII. für den rechtmäßigen Papst und gab ihm das Versprechen, ihn beim Konzil zu schützen. Doch wurde Johannes als Papst abgesetzt und Friedrich half ihm getreu seinem Versprechen zur Flucht aus Konstanz. Weil nun aber Herzog Friedrich den Gegenpapst unterstützt hatte, wurde er selber vom Kaiser geächtet und musste sich verstecken, um nicht für ein Kopfgeld ermordet zu werden. Im Frühjahr 1416 schlich er vom Oberinntal ins Ötztal, machte auf den Rofenhöfen Rast und ging dann weiter über den Ferner ins Schnalstal.

Als Hirte stellte er sich auf dem Finailhof vor und war froh, dass er dort als Schafhüter genommen wurde. Heute noch zeigt man auf Finail ein silbernes Besteck von alter Arbeit und einen silbernen Becher als Geschenke des fürstlichen Schäfers.

Danach hielt er sich wohl kurz auf Schloss Tirol auf und kam dann auf seiner Flucht zu dem treuen Hendlmüller nach Meran. Dessen Mühle lag am Eingang ins Naiftal, wo sich der Flüchtige nun ein wenig länger aufhalten konnte.

Die Hendlmüllerin war aber ein argwöhnisches und noch mehr ein neugieriges Weib und spionierte ohne Unterlass dem Fremden nach. Eines Tages sah sie, als der verdächtige Mensch sich die Haare kämmte, eine goldene Halskette auf der Brust des Mannes, zählte nun eins und eins zusammen und machte sich einen Reim darauf. Natürlich konnte sie das entdeckte Geheimnis nicht für sich behalten und tuschelte ihr Wissen schon wenig später herum. Kurz darauf erschienen auch schon die Männer des Gerichts und hatten Spürhunde dabei, mit denen sie das ganze Haus nach dem Verbannten durchsuchten.

Der Hendlmüller legte den Herzog schnell in eine „Mistpenne", schaufelte sehr viel Mist in diesen Wagenkorb und fuhr an den Gerichtsdienern gemütlich vorbei, um den Mist auf sein Feld zu bringen. Der dreckige Herzog konnte nun unbemerkt weiter ins Inntal flüchten. Später dann erhob der Herzog den Hendlmüller in den Adelsstand, und dieser wurde zum Stammvater der Grafen Hendl, die ein Mühlrad im Wappen führen.

Nachdem Herzog Friedrich wieder an der Macht war und sich zeitlebens den Bauern Tirols dankbar erwies und ihnen besondere Rechte einräumte, flackerte die Revolte des Adels ein weiteres Mal gegen ihn auf.

So wurde auch das Schloss Greifenstein, auf einem hohen Bergsporn über Siebeneich und dem Etschtal gelegen, von Herzog Friedrich belagert, doch war es damals noch unter dem Namen „Raubenstein" bekannt und gehörte der Familie der Starkenberger. Nach dem Aussterben der Familie kam es dann an die Greifensteiner, aber auch heute wird die Burgruine umgangssprachlich immer noch „Sauschloss" genannt, was auf folgende Begebenheit zurückgeht:

Herzog Friedrich mit der leeren Tasche belagerte auch diesen Ansitz der Familie der Starkenberger, und er war hartnäckig und dachte gar nicht daran, aufzugeben und Schwäche zu zeigen. Natürlich wurde der Proviant in seinem Heer weniger, doch noch schlimmer musste es denen auf der Burg ergehen, denn es gab nur einen Weg zum Schloss, und den hatten sie abgeriegelt. Die Burginsassen wollten die Belagerer aber nicht merken lassen, wie weit es mit ihren Nahrungsvorräten schon gekommen war, und griffen zu einer List. An einem schönen Morgen warfen sie das letzte lebende Schwein von der Mauer herab ins Lager, was die feindlichen Männer des Herzogs veranlasste, die Belagerung aufzuheben und abzuziehen. Denn wer so viel Fleisch auf einer belagerten Burg besaß, der hatte entweder unendliche Vorräte oder einen geheimen Zugang.

Nach dieser Episode wurde das Schloss nun benannt. Wenig später hat Friedrich mit der leeren Tasche die Burg dennoch eingenommen und die Starkenberger vertrieben.

Das kyklopische Kasermandl

Viel wird in ganz Tirol von den Kasermandln erzählt, die im Herbst, wenn das Almvieh abgefahren ist, in die Kaser- und Sennhütten einkehren und über den Winter bis zum Wiederauftrieb der Herden dort hausen. Auch im Ultental gibt es solche Almdämonen, die auf den Hütten den gewohnten Arbeiten der Senner nachgehen und den zu Lebzeiten vergeudeten Almnutzen wieder einarbeiten müssen.

Einst schlug ein Wildschütz im Spätherbst bei der verlassenen Klapfbergeralpe sein Nachtlager auf, damit er nicht erst wieder ins Tal absteigen musste. Da wachte er in der Nacht von einem großen Tumult vor der Hütte auf, es klang so, als wenn mehrere hundert Stück Vieh aufgetrieben wurden, und er schaute bei einer Kluft hinaus in die Nacht. Da sah er das Kasermandl mit seinem Vieh unmittelbar vor der Hütte stehen. Sofort war er hellwach und verbarg sich leise in einer Ecke der Hütte.

Das Kasermandl öffnete die Tür, trat herein und hatte nur ein einziges, großes Auge mitten auf der Stirn, was dem Jäger etwas ganz Neues war und wovon er noch nie gehört hatte.

Das kuriose Kasermandl machte Feuer an, setzte eine große Muspfanne auf und begann nach allen Regeln der Kunst, ein Mus zu kochen. Als es dann das Mus auf den Pfannenknecht stellte und sich an den Tisch zum Essen setzte, da würgte es den Wildschützen fast, als er sah, dass das Mus komplett schwarz war. Das einäugige Mandl saß noch recht lange beim Feuer, löschte es dann endlich aus, reinigte das Kochgeschirr und ging wieder hinaus ins Freie. Sogleich war es verschwunden, als wäre es nie da gewesen.

Der Wildschütz hätte um seine beste Büchse gewettet – die, die den besten Tod drein hatte –, dass er geträumt hatte, wenn er nicht so nüchtern und wach gewesen wäre wie ein hungriger Fuchs. Er wartete daher ängstlich das Morgengrauen ab und mit drei Sprüngen war er aus der unheimlichen Hütte draußen. Aber seit dieser Nacht schläft kein Wildschütz mehr auf der Klapfbergeralm, denn alle fürchten sich vor dem Einauge.

Das Bettelweib in der Jaufenburg

Die Herrschaft vom Schloss Tirol war zur Sommerfrische ins Passeiertal gefahren, wo sie auf Gereut, einem der elf historischen Schildhöfe im Passeier, wohnte. Dort veranstalteten die Adeligen natürlich auch ihre Tanzunterhaltungen, im Königssaal über dem Schildhof Untergereut (heute Baumkirch).

Dazu war einmal auch die Herrschaft der Jaufenburg eingeladen worden. Bevor aber diese das Schloss verließ, trug die Herrin von Jaufenburg ihrer Köchin auf, zu welcher Stunde sie das Nachtmahl bereithalten solle, denn da würde sie sicher wieder zurückgekehrt sein.

Die Köchin besorgte rechtzeitig das Abendessen, aber die Herrschaft war immer noch nicht zurück. Eben schlug es zwölf Uhr in der Nacht und noch war niemand zurück. Da klopfte es an das Tor. Das Dienstpersonal glaubte, es wäre die Herrschaft und schnell wurde das Tor geöffnet. Aber da humpelte ein altes Weiblein herein, das kein Wort sprach, jedoch – mit den Händen deutend – um eine milde Gabe flehte. Die Köchin gab der Alten ein großes Stück Brot und Käse, aber das Weiblein gab mit Handzeichen zu verstehen, dass dies nicht die Gaben seien, welche es wünschte.

Darauf bot ihr die Köchin ein Stück Braten an, dann eine Mehlspeise, aber auch das wies die Alte zurück. Nun wurde es mit den übrigen Speisen versucht, die auf dem Herd standen, doch das Weiblein deutete immer abwehrend.

„Jetzt", sagte die Köchin, „weiß ich nicht mehr, was die Alte denn möchte. Ich habe nichts mehr als Holz und Feuer."

Und weil das Weib sie ärgerte, nahm sie eine Herdschaufel voll glühender Kohlen und reichte diese der Alten hin. Das Weiblein war über die Maßen froh, ließ sich die Kohlen in ihre Hände schütten, nickte dankbar lächelnd und verschwand.

Der „Moaser Student"

Zu den bekanntesten Schwarzkünstlern des Landes gehörte der „Moaser Student", der Sohn einer armen Tagelöhnerin aus Mais in Meran. Weil der Hans ein aufgewecktes Bürschl war, wollte seine Mutter ihn studieren lassen, damit aus ihm einmal etwas werde und er nicht so schinden müsse wie sie im Leben.

Der Hans war aber nicht nur ein schlauer Kerl, er hatte es auch faustdick hinter den Ohren, sodass ihm die Professoren der lateinischen Schule schon bald den Laufpass gaben. Nun verbrachte er den Tag mit Faulenzen und bereicherte sich in der Nacht an dem Eigentum anderer Leute. Die Gemeinde sah da aber nicht lange zu und verwies ihn mit seiner Mutter aus dem Dorf.

Der Pflegerbauer jedoch hatte Mitleid mit den beiden. Er fand, dass der Hans kein dummer Mensch sei, sondern eine richtige Ausbildung brauche, und dass hinter seinen kuriosen Späßen ein großer Humor steckte. So gab der Pfleger der Mutter Geld, damit sie den Hans in die Lehre schicken könne, doch ihr Sprössling fand an jedem Gewerbe etwas auszusetzen und machte sich irgendwann mit dem Geld auf und davon. Auf seiner Wanderschaft erlebte er zahlreiche Abenteuer, und zum Schluss ging er unter die Räuber.

Ganz zufällig traf er diese wilden Gesellen im Wald, als sie gerade damit beschäftigt waren, einen ermordeten Kaufmann auszurauben. Der Student gefiel dem Räuberhauptmann und er nahm ihn in seine Gesellschaft auf, wo sich der Maiser zu einem kühnen Räubersmann entwickelte. Nach etlichen Jahren hatte er genug vom Räuberleben, ließ sich seinen Teil auszahlen und zog als reicher Mann in seine Heimat.

Wie freute sich die Mutter, ihren Sohn nach so langer Zeit wiederzusehen – und einen großen Batzen Geld brachte er auch noch mit. Doch das Blatt wendete sich, als sie von der wahren Herkunft des Geldes erfuhr. Mit dieser Nachricht war sie überfordert und rannte in ihrer Hilflosigkeit zum Pfleger, der für die Verwaltungsgeschäfte im Gerichtswesen zuständig war, und der natürlich handeln musste. Dem Hans drohten Gefängnis und Tod durch den Strang, doch die Mutter hörte nicht auf den Pfleger zu bitten und zu betteln, sodass er schließlich nachgab und sagte:

„Wenn der Lumpenkerl im Stande ist, drei Aufgaben zu lösen, will ich schweigen und nichts wissen von der Sache, sonst muss er baumeln!"

„Am ersten Tage muss er mir mein Pferd unterm Hintern wegstehlen, am zweiten die Ochsen vom Pflug und am dritten das Leintuch, auf dem ich gerade liege, so lauten die Aufgaben, jetzt wollen wir doch sehen, wie gut er sein Handwerk versteht", sagte ihr der Richter grinsend ins Gesicht.

Der Mutter war ganz gewiss nicht zum Lachen zu Mute und sie ging tieftraurig nach Hause, denn diese

Aufgaben konnte kein normaler Mensch bewältigen. Der Hans aber nickte nur fröhlich und sah sich schon in Freiheit unter der Sonne liegen.

Am ersten Tag ritt der Pfleger aus. Hans, der ein hübscher Bursche war, verkleidete sich als Mädchen, richtete einen guten Tropfen Wein her und passte den Reiter ab, so dass es aussehen sollte, als wenn sie sich ganz zufällig begegnen würden. Das „Mädchen" tat sehr erstaunt, den Pfleger schon so früh im Sattel zu sehen und blickte bewundernd zu ihm auf. Da erzählte ihm der Richter von den Aufgaben, die er gestellt hatte, und lachte siegessicher.

„Ei, da müsste der Kerl ja hexen können, um so einen Mann wie Euch aus dem Sattel zu heben!", kicherte das „Mädel" und bot ihm einen Schluck Wein an.

Da konnte der Pfleger nicht nein sagen und nahm einen Schluck, doch hatte der Student ein Schlafpulver in den Wein gemischt, und das tat bald seine Wirkung. So konnte Hans den Mann aus dem Sattel heben und mit dessen Pferd abziehen.

Am zweiten Tag ging der Pfleger selber auf sein Feld und begann zu pflügen. Damit ihm aber der Hans nicht auch noch die Ochsen stehlen konnte, nahm er seine Dienstleute mit. Nun schlich sich der Moaser Student mit einem Korb voll Hühner heran und scheuchte sie aufs Feld hinaus. Jetzt glaubten alle, es seien die Hennen des Pflegerhofes entkommen, und beeilte sich, das Federvieh wieder einzufangen, während der Hans schnell die Ochsen wegtrieb.

Nun war der dritte Tag gekommen, und der Pfleger nahm sich hoch und heilig vor, das Bett und damit sein Leintuch nicht zu verlassen. Während des Tages ereignete sich rein gar nichts, und vor lauter Nichtstun schlief der Richter ein.

In der Nacht erwachte er dann durch ein Geräusch am Fenster und sah schemenhaft eine Gestalt dort auf- und abgehen.

„Jetzt ist er da, der Hallodri, und will mir das Leintuch stehlen", dachte er sich, nahm seine Pistole und drückte ab. „Denn – hin ist hin, ob durch Pulver oder den Strick!"

Der Hans tat einen fürchterlichen Todesschrei, der einem durch Mark und Bein ging, und fiel zu Boden. Schnell sprang der Pfleger aus dem Bett und ging vors Haus, denn falls der Tunichtgut nur verwundet sei, dann wäre er ja noch für den Galgen zu retten. Doch unter dem Fenster lag kein Mensch, sondern ein durchschossener Strohmann, den der Student am Fenster hin- und herbewegt hatte.

Als der Pfleger wieder zurück ins Bett ging, war der Student mit dem Leintuch schon auf und davon. Somit hatte er die Wette und sein Leben gewonnen.

Bald darauf fiel dem Moaser Studenten ein ganz besonderer Streich ein.

Er fing einen Korb voll Krebse, „pickte" den Tierchen in der Nacht auf dem Friedhof kleine Wachskerzen auf den Rücken und ließ sie laufen. Vor dem Friedhofsgatter blieb er stehen, hielt einen leeren Sack offen und rief mit schauerlicher Stimme:

„Wer in den Himmel will, muss in diesen Sack schlüpfen!"

Der Mesner erwachte und eilte schnell, um den Pfarrer zu wecken:

„Hochwürden, schauen Sie sich das an! Am Friedhof wimmelt es von armen Seelen, und am Gatter steht ein Erzengel und hält den Himmelssack offen!"

Das wollte sich der Pfarrer nicht entgehen lassen, er kniete sich hin und kroch auf allen Vieren in den Sack hinein. Schnell schnürte Hans den Sack zu, nahm ihn über die Schulter und lieferte ihn frisch und fröhlich im Keller des Widums ab. „Musst grad noch a bissl warten, bis es mehr sein", vertröstete Hans den Pfarrer und gab ihm die Anweisung, laut zu schreien „Fort von mir, was böse Geister sind!", wenn er etwas kommen höre.

Als die Häuserin in der Früh ein Stück Speck aus dem Keller holen wollte, rief der Pfarrer, wie ihm der Hans aufgetragen hatte. Doch die Häuserin hatte die Stimme erkannt und befreite den Pfarrer, der zu ihr sprach:

„Das ist ein Teufel gewesen und nicht ein Erzengel."

Und mit genau diesem nahm Hans auch bald Kontakt auf, denn nun ging er wieder in die Schule, aber in die berüchtigte Schwarzschule in Lana. Und hier zeigte er weit größeren Fleiß und Erfolg als in seiner bisherigen Schullaufbahn, sodass er bald zu den berühmtesten Hexenmeistern des Landes gehörte.

Solche Schulen der Hexerei konnte man übrigens nicht überall gründen, sondern nur dort, wo die Toten zum Begräbnis über Kreuz getragen werden. Und das ist in Lana gegeben: Von den Höfen Inner- und Außerrunggunggl bis zum Höllentaler, Schießebner und zu allen Häusern herwärts von der Falschauer geht man mit den Leichen von Osten nach Westen zur Pfarrkirche, über der Falschauer vom Gaulrappmüller, Schöpfer, Schaller und Braunsberg von Norden nach Süden – und beim heutigen Kapuzinerkloster kreuzen sich die Wege, und hier war die Schule. Nicht nur der Moaser Student besuchte diese Schule, auch das Pfeifer Huisele und der Klocker von Nals.

Im Passeiertale kam Hans eines Tages zu einer geizigen Bäuerin und verlangte eine Schüssel Milch, die sie ihm aber nicht gab.

Doch der Moaser Student ließ nicht locker:

„Die Milch her oder ich lasse die Ratten von ganz Passeier kommen!"

„Das kannst tun, wenn du's denn tun kannst", spottete die Bäuerin.

Er steckte zwei Finger in den Mund und tat einen eigenartigen, noch nie gehörten „Wispler". Die Ratten kamen wie auf Kommando aus allen Weltgegenden zur Tür hereingelaufen. Gierig machten sich die Nager über Speck, Geselchtes und Würste her und über alles, was nicht niet- und nagelfest war. Nun lag die Frau auf Knien vor ihm und versprach ihm eine ganze Ahrn Milch, doch er ließ sich eine ganze Weile bitten und betteln, bis er die Ratten zum Rückzug zwang.

Und einem Mädchen, das Kirschen zum Verkauf anbot und ihm keine geben wollte, dem verwandelte er die Früchte in Mäuse, welche sofort das Weite suchten.

Ein Bauernknecht bat den Hans in der Heuzeit, seiner Sense „a damische Schneid" zu machen. Da gab ihm der Schwarzkünstler ein Stück Harz, um damit die Sense zu wetzen.

„Komm damit aber ja niemandem bei der Arbeit zu nahe, denn sonst gibt es Blutstropfen auf der Sense", warnte er den Mäher.

Noch am gleichen Tag nahm der die Sense zur Arbeit mit und wirklich, so etwas hatte er noch nie erlebt. Die Sense schnitt das Gras wie Butter und nach mehreren Schnitten wurde sie wie von selbst immer schneller und schneller, gerade so, als wenn es sie zu den anderen Arbeitern hinzöge. Nun bekam der Bursch bald einen großen Stolz, denn so sauber und schnell mähte keiner wie er, und er mähte immer näher an die anderen heran. Und plötzlich tropfte Blut aus seiner Sense. Ein anderer Knecht drehte sich um, wollte ihm die Suppe versalzen und warf ihm einen Dengelstock in die Wiese, den die verhexte Sense zwar ebenso glatt durchschnitt, aber danach war sie blutrot.

Gerne ging der Moaser Student ins Wirtshaus und so auch eines Tages. Gegen 11 Uhr vormittags sagte er: "So, jetzt muss ich nach Innsbruck zum Mittagessen mit einigen Herren", stand auf und setzte sich auf seinen Ziegenbock, den er vor der Türe angehängt hatte. Am Nachmittag war er dann schon wieder zurück.

Langsam entwickelte er sich zu einer Landplage und man versuchte mit allen Mitteln, ihn zu fassen. Als er mal wieder im Wirtshaus am Zechen war, wurde es von Gerichtsdiener umstellt. "Jetzt haben wir ihn!", dachten sie, doch schon hatte sich der Zauberer in seinem Weinkrug versteckt, wo ihn niemand fand.

Die Paulser brachten es wirklich so weit, dass sie ihn hinter Schloss und Riegel hatten, aber wo der Student mit Erde in Berührung kommen konnte, lag es in seiner Kunst, sich allemal zu retten. Jetzt wollte er den Paulsern einen Denkzettel verpassen, stieg in den Gantkofel und schob mit aller Kraft die sogenannte "Hohe Wand". Schon entstanden Klüfte, Felstrümmer lockerten sich und Steine rollten bergab, und der Moaser Student hörte immer noch nicht auf. Da wussten sich die Paulser nicht mehr zu helfen und begannen ihre große Glocke zu läuten, und das hatte wirklich positive Auswirkungen, denn der Student musste nun von seinem Hexenwerk ablassen.

Auch die Meraner hatten ihn einmal zu fassen bekommen und führten den Hexenmeister nackt in einem kupfernen Kessel zur Hinrichtungsstätte, denn Kupfer hält jedem Zauber stand. Nun blieben viele Menschen stehen, um sich das Spektakel anzusehen, und was machte der Moaser Student? Er rief den Burschen in den Gassen zu, sie sollten ihn doch mit Erde und Dreck bewerfen, und stachelte sie richtig dazu auf. "Das ist ein Narrischer", raunten sich die Zuschauer zu, doch nachdem er mit Kuhdreck und Steinen beworfen worden war, da war er weg und der Kessel leer. Mehr wollte er nicht als ein wenig Erde, denn so konnte er sich aus dem Staub machen.

Nun hatten die Maiser ihren Studenten bald wieder eingefangen und achteten auf alle möglichen Kleinigkeiten, damit er nicht wieder entwischen könne. Auf der Galgenwieder in Sinich berührte der Henker bereits das Genick des Studenten, da hielt er plötzlich ein Strohbündel in den Händen. Im gleichen Augenblick betrat der Schwarzkünstler aber ein Gasthaus in Mais und ließ es sich gut gehen. Der Henker hatte wahrscheinlich ungepflegte Fingernägel und viel Erde unter diesen, sodass dem Hexenmeister das Stückchen gelang. Beim nächsten Mal soll es Vorschrift gewesen sein, dass Handschuhe bei der Vollstreckung getragen wurden. So war es nun auch schließlich so weit, dass der Moaser Student keinen Ausweg mehr sah, sich zu befreien; da klagte er, dass es ihm zu langsam vorwärtsginge:

„Die Zeit, die mir der Teufel noch auf der Erde gegönnt hat, ist aus. Machet jetzt vorwärts, denn ich will mittags in der Hölle pünktlich zu meinen Knödeln kommen!"

Und wahrhaftig wurde sein Leichnam am Galgen sofort kohlschwarz, was als sicheres Zeichen gilt, dass sich der Teufel seine Seele geholt hat.

Nach anderen Erzählungen wurde der Moaser Student auf der Meraner Holzlende geköpft und der Stein, auf den sein Kopf fiel, wurde schwarz und es wuchs sieben Jahre lang kein Gras mehr rundherum.

Der Esel

Beim Sternwirt in Meran arbeitete einmal ein Hausknecht, der die Hexen von anderen Menschen unterscheiden konnte. Dieser stand eines Morgens mit einem Passeirer vor der Haustür, als die Leute gerade aus der Rorateandacht kamen und nach Hause gingen. Nun zeigte er ihm einige Hexen, die sich unter den heimkehrenden Kirchgängern befanden.

Als er einige Tage später hinter den Mauern mit dem Wagen hinunterfuhr, wurde er plötzlich von einer Hexe erkannt und aus Rache, dass er sie verraten hatte, in einen Esel verwandelt. Nun blieb ihm nichts anderes übrig, als in der Gestalt eines Esels zum Sternwirtshaus zurückzukehren, wurde dort aber weggetrieben.

Er irrte jetzt ohne Dach über dem Kopf und herrenlos auf dem Sandplatz herum und graste dort. Da sah ihn der „englische Müller", der sich des verlorenen Tieres erbarmte und es zu sich in den Stall nahm.

Der verhexte Hausknecht musste ab jetzt alle Dienste eines Mülleresels tun und bekam dafür Stroh und Schläge. So ging es viele Jahre. Eines Tages musste er gerade wieder einmal mit Mehlsäcken beladen über die Mauern hinuntertraben, als genau die Hexe, die ihn verwünscht hatte, mit einer anderen dort stand und plauderte. Als sie den Esel sah, sagte sie zur andern:

„Schau, diesem Dolm habe ich's gedreht! Weil er so vorlaut gewesen ist, ist er zu einem Esel geworden."

„Und muss er immer ein Esel bleiben?", fragte die Zweite.

„Ja", antwortete die Erste lachend, „weil ich es so will!" Kichernd erklärte sie leise: „Doch könnte er sich selber leicht helfen, wenn er nur wüsste wie. Er müsste sich nur ein geweihtes Kränzlein am Fronleichnamstage schnappen und essen, und all meine Zauberkunst wäre umsonst gewesen."

Diese Worte hatte der verzauberte Esel mit seinen langen Ohren aber gehört und sehnte nun die nächste Fronleichnamsprozession herbei. Am besagten Tag riss er sich los, schnappte sich von einem Leuchterträger Kerze und Kränzchen und fraß die geweihten Pflanzen. Kaum hatte er dies getan, war der Zauber gebrochen und er stand als verlorener Hausknecht vor den betenden Menschen. Die Hexe wurde kurz darauf festgenommen und „auf dem Sinich", dem Richtplatz, verbrannt.

Der Schneeberg in Passeier

Einst zog ein Jäger aus dem Passeiertal zum Schwarzsee oberhalb von Rabenstein, um Gämsen und Steinböcke zu jagen. Bei Seemoos ruhte er sich auf einem Felsblock aus und suchte die umliegenden Berge und Grate nach Wild ab. Da entdeckte er plötzlich am Ufer dieses stillen Alpensees eine Frauengestalt; sie saß dort mit einem silbern schimmernden Kleid, so weiß wie die in der Sonne blendenden Gletscher. Dazu trug sie feurig-golden glitzernden Hals- und Armschmuck. Sie winkte den Jäger zu sich und zeigte ihm funkelndes Edelgestein, das in ihrem Schoß lag. All die Schätze wollte sie dem Jäger geben und ihm deren Fundstellen zeigen, wenn er ihr verspreche, mit der Jagd auf das Wild aufzuhören, dessen Schützerin sie war.

Sie forderte, dass er seine Armbrust vor ihren Augen vernichten solle, erst dann gelte sein Versprechen. Von Habsucht erfasst, zerschmetterte der Jäger seine Armbrust und leistete den Schwur, worauf er seine Taschen mit den wertvollen Edelsteinen füllte. Die Frau zeigte dem Jäger auch noch an den aus dem Gletscher hervorragenden Felsriffen Spalten voll edlem Silbererz. Sie drohte ihm aber auch mit schwerer Strafe, wenn er seinen Schwur brechen würde. So schnell, wie sie vor ihm aufgetaucht war, so schnell war sie plötzlich aus den Augen des Jägers verschwunden.

Bald danach zogen mit dem Jäger Knappen auf die unwirtlichen Berghöhen. Stollen um Stollen wurde eröffnet, und überall fand sich reiches Erz, das in schwerer Menge mit Schlitten und Sackzug, einer Art Seilbahn, zu Tal geschafft wurde. Während der strengen Wintermonate ruhte die Arbeit. Sobald aber der Föhn das Eis im Frühjahr zum Schmelzen brachte, zogen stets immer mehr Knappenscharen auf den erzreichen Schneeberg, auf dem bald ein ganzes Dorf mit einem dem heiligen Martin geweihten Kirchlein erbaut wurde.

Der Jäger wurde reich und musste selbst bald nicht mehr in den nasskalten Gruben schuften. Er blieb im Tal in seinem Forsthaus und hatte viel sorgenfreie Zeit. An einem schönen Herbsttag erwachte jedoch wieder eine unbezwingbare Sehnsucht in ihm, auf die Jagd zu gehen. Bald hatte er eine neue Armbrust mit starker Sehne gefertigt und erlegte damit in Missachtung seines geleisteten Schwures an einem Sonntag einen prächtigen Steinbock mit gewaltigen Hörnern. Kaum stürzte der Steinbock leblos auf den Boden, als sich vom Gletscher ein gewaltiger Eisblock löste, zu Tal donnerte und den Jäger unter sich völlig zermalmte.

Als aber die Knappenschaft am nächsten Tag zur Grube kam, fand sie kein Silbererz mehr, sondern bloß wertloses Blendegestein, das sich nicht schmelzen ließ.

In den Urkunden ist der auf über 2000 Metern Seehöhe gelegene Silberbergbau am Schneeberg seit dem Jahr 1237 erwähnt, er dürfte jedoch wesentlich älter sein. Im Jahr 1360 wurde der Silberbergbau abrupt eingestellt, da das Bergwerk kein Silber mehr hergab. Nun begnügte man sich damit, einfaches Erz abzubauen, doch auch dabei wurden die Knappen oft gestört. Die „Nörggelen" schafften in der Nacht den gesamten Aushub, den die Knappen bei Tag aus den Stollen geführt hatten, wieder hinein.

Das ehemals höchstgelegene Bergwerk Europas im Gebirgszug zwischen Passeier und Ridnaun, mit der durch Jahrhunderte höchsten Dauersiedlung des Kontinents, wurde im Dezember 1979 eingestellt.

Von den Wetterglocken

Nicht alle Glocken haben die gleiche Kraft Unwetter zu verscheuchen. Außer der berühmten „Sankt Paulserin" genießen die „Lananer Mooskuh" und die große „Marlingerin" den besten Ruf. Diese wurde 1847 von Chiappani aus der alten, gesprungenen Glocke umgegossen und dabei dem neuen Guss Silber beigemengt. Dazu spendete jeder Bauer einen Silbergulden und jeder Knecht einen „Zepf" oder auch Zehnkreuzerstück. Die Glocke wird zu den großen Persönlichkeiten des Dorfes gezählt, wie ein alter Landreim zeigt:

„Der Popp,
 die große Glogg'.
 Der Weltenzwinger,
 der Fackenringer."

Der „Popp" ist ein Großbauer, der „Weltenzwinger" ist der Leib Christi in Form einer Hostie und der „Fackenringer" ist der heilige Antonius der Einsiedler, dem zu Ehren 1648 eine Bruderschaft gestiftet wurde. Die alte Glocke durfte nur für den Herrgott und nicht für Verstorbene geläutet werden. Als dann aber ein Papst verstarb, ließ der Pfarrer auch die große Glocke läuten und hatte damit die Gemeinde gegen sich. Die Marlingerin musste ertönen und – zersprang während des Läutens. Nun war es aus mit der gefürchtetsten Wetterglocke, vor der die Hexen und selbst der Teufel Reißaus nahmen. Auf der Glocke stand in gegossenen Buchstaben:

> „Anna Maria hoaß ich,
> alle Wetter verstoaß ich,
> alle Wetter vertreib ich,
> in Marling, da verbleib ich."

Natürlich wurde sie umgegossen, doch der Glockengießer vergaß die alte Inschrift, und daher wurde die neue Glocke auch keine Wetterglocke mehr.

Und weil die alte Marlinger Wetterglocke die Unwetter zwar von Marling fernhielt, die Nachbargemeinden sie dafür aber umso ärger zu spüren bekamen, wollten diese natürlich den Marlingern ihre Wetterglocke abkaufen. Doch auf der abschüssigen Straße in die Ebene herab blieb das Fuhrwerk stehen und ganz gleich wie viele Ochsen sie davor spannten, die Glocke war nicht vom Fleck zu kriegen und summte den oben genannten Reim. Nun wussten die Marlinger Bescheid, kehrten den Wagen um und ein Paar Ochsen zog mit Leichtigkeit die Glocke ins Dorf zurück.

Das Gleiche wird auch von der Wetterglocke von St. Pauls erzählt, die nach Kastelruth verkauft werden sollte, die von Tramin sollte nach Kaltern verkauft werden, und von der großen Lananerin, welche auch die „Lananer Mooskuh" genannt wurde. Bei ihr sind Engel am Glockenknauf eingearbeitet, die lassen beim Läuten ihre Posaunen mit erschallen und bewirken dadurch den herrlichen Ton. Wer begnadete Ohren hat, hört das Musizieren der kleinen Engel. Ihren hellen und schönen

Ton kann man bis über alle Berge hören. So wollte sie deshalb einmal ein König kaufen und sie mit Gold aufwiegen, doch die Lananer wollten ihre „Mooskuh" nicht hergeben, weil sie eine so gute Wetterglocke war. Dies ärgerte den stolzen König so sehr, dass er einen Eisennagel in die Glocke schlagen ließ, den man noch heute sieht. Seitdem hat sie nur mehr einen dumpfen Ton.

Die Lananer haben aber noch eine viel ältere Glocke. Vor undenklich vielen Jahren wurde Lana nämlich ganz von einem Bergsturz überdeckt. Nach vielen Jahren siedelten sich wieder Leute auf dem Schuttkegel an, da kam einem Bauern eine trächtige Sau aus. Nach langem Suchen fand man sie im Wald in einer Glocke, die mit dem Rand aus der Erde ragte, und darin lagen ihre fünf frisch geworfenen Ferkel. Die Glocke wurde sofort ausgegraben, in den Turm gehängt und von den Einheimischen „die Ferkelsau" genannt.

Auch in dem zerstörten Kastelruth wurde die Glocke unter dem Geröll begraben, aber eines Tages von einem Stier wieder ausgescharrt. Man hängte sie dann in den Turm von St. Valentin und sie wird „der Stier zu St. Valentin" genannt, der allen Hexen das Fürchten lehrt.

Im Turm zu St. Lorenzen im Pustertal hängt ebenfalls eine große Glocke, deren ernst klingende Töne über die ganze Weite des breiten Tales schallen:

„O Maria, Gotteszelle,
hab' in Huot,
was ich überschölle."

Diese Inschrift bekam sie vom Meister Löffler. Sobald am Himmel die „Schwarzen Stiere", die Gewitterwolken, daherschnaubten, richtete die ganze Gemeinde die Gedanken auf die geweihte Glocke, und keiner fürchtete, dass der Hagel das Getreide zerschlagen würde, wenn zum richtigen Zeitpunkt die Glockenstränge gezogen wurden.

Einmal wollte man die Glocke aus St. Lorenzen rauben und sie nach Bruneck überführen. Die Diebe spannten zwei Paar Pferde an den Wagen, dann noch zwei Paare, dann wieder zwei – „koa Mittel"! – nichts ging weiter.

Nun fiel ein Zettel vom Himmel, darauf war zu lesen:

„Maria Kunigunde hoaß i,
alle Wetter woaß i,
alle Wetter vertreib i,
im St. Lorenzner Turm bleib i."

Solche Wetterglocken waren den Hexen natürlich ein Dorn im Auge, manch eine versuchte sogar, die Glocken unschädlich zu machen. So ging einmal eine Gruppe befreundeter Frauen aus Eppan nach Kaltern wallfahrten. Von der Wallfahrt nach Kaltern sagt man „Was man in Padua nicht erhält, muss man in Kaltern erflehen" oder „Was der Antoni von Padua nit verrichtet, tut der von Kaltern".

Unterwegs kehrten sie bei einer Bekannten ein und wurden von ihr bestens bewirtet; sie hatte eine Flasche auf dem Tisch stehen, aus der sie jeder genau das einschenkte, was sie gerne zu trinken wünschte. Als sie sich dann verabschiedeten, gab die Frau ihnen einen schönen Gürtel mit der Bitte, denselben der großen Glocke in Kaltern umzulegen. Sie gaben ihr das Versprechen und gingen weiter. Auf dem Weg fiel ihnen wieder dieser Gürtel ein, und sie dachten sich, sie könnten ihn ja schon einmal an einem Baum ausprobieren. Gesagt, getan. Doch siehe da – der dicke Baumstamm riss von oben bis unten entzwei! Sie ließen nun den Gürtel am Baum, und so blieb die Kalterer Wetterglocke unbeschadet.

Zu Onach im Pustertal hausten am hohen Graben unter „Rasten" in den felsigen Spalten die Antrischen Leute oder auch Wilde Leute genannt. Einst fragte Gott Eva, wieviele Kinder sie habe, da schämte sie sich wegen der großen Anzahl und versteckte einige von ihnen. Nun hatte sie Gott aber wegen ihrer Lüge erzürnt, und darum wurden diese Kinder von Gott aus der Familie ausgeschlossen. Diese Antrischen Leute waren unheimliche Wilde Menschen, die sich nur spärlich mit Fellen bekleideten und stark behaart waren. Sie waren zu den Bauern freundlich und hilfreich, aber wenn man sie beleidigte, dann nahmen sie Rache. Für gut gemeinte Hilfe zeigten sie sich dankbar, aber im Allgemeinen scheuten sie die Menschen und versteckten sich, wenn sie einem begegneten. Auf einem Hof diente eine solche Wilde Dirn bei den Bauern und brachte das Hauswesen in Schwung. Das Glockengeläute der Kirchen war den Antrischen besonders zuwider. So bezeichneten sie die kleinen Glocken der frühen Christen als Geiß- oder Kuhschellen und wenn sie nur irgendwie konnten, stahlen sie die Kirchenglocken und vergruben sie.

So hatten auch die ersten Christen in Onach sich ein Glöckel in den Turm gehängt. Die Antrischen Leute aber stahlen es, trugen es in den hohen Graben hinauf, wo sie hausten, und vergruben es zwischen den Felsen. Aber die Glocken haben die Eigenart, wie andere Schätze allmählich wieder nach oben wachsen, und zwar in einem Zeitraum von sieben mal hundert Jahren sieben Spannen, das sind 1,6 Meter. Ein Onacher Hirt sah den Schatz „blühen", zog das Glöckel zwischen den Felsen hervor, und es wurde wieder an seinen ursprünglichen Platz in den Kirchturm gehängt, wo es heute noch geläutet wird.

Die „Stegerfrau"

Am Eingang des Schnalstales, kurz über dem Wallburgboden am Naturnser Sonnenberg, befindet sich ein hoher Felsenturm, der von den Einheimischen „die Stegerfrau" genannt wird.

Die Bäuerin vom Steghof war eine sehr unausgeglichene Person und wegen ihres aufbrausenden Temperaments weitum bekannt. Auf ihrem Hof am Eingang des Schnalstales und doch nahe der Etsch ging sie gewissenhaft ihren Arbeiten und Pflichten als Bäuerin nach und lebte eher zurückgezogen, denn so hatte sie am wenigsten Streit und Ärger mit anderen Menschen. Die Stegerbäuerin lebte auf ihrem Hof allein mit ihrem Kind und ihrem Vieh. Manchmal, wenn sie wieder einmal schlecht aufgelegt war, ließ sie ihre aufbrausende Wut einfach an den Tieren aus und trat sie, egal wohin. Wenn es ganz schlimm wurde, nahm sie auch einen Stecken und schlug auf die Kühe ein oder stach ihnen mit einer Forke in das Hinterteil. Danach überfiel sie dann die Reue – manche sagen, wenn der Vinschger Oberwind wieder nachgelassen hatte –, und sie wusste gar nicht, wie sie ihre Taten wieder gutmachen sollte und lief planlos und händeringend über den Hof.

Eines Abends ging sie in den Stall, um eine Kuh nachzumelken, die gerade erst ein Kälbchen bekommen hatte, das vorher am Euter der Mutter gewesen war. Doch die Kuh gab keine Milch mehr her, sie behielt die restliche Milch für ihr Junges zurück. Das war natürlich wieder ein Auslöser für die wütende Bäuerin, die nun das Kälbchen von der Mutter jagte und hart auf die Mutterkuh einschlug. Als sie am nächsten Morgen wieder in den Stall ging und versuchte, die Kuh zu melken, da gab diese wieder keinen Tropfen Milch her. Zornig rief die Frau:

„Tratzen lass ich mich von dir nicht! Wenn du mir deine Milch nicht gibst, dann gebe ich dir auch kein Futter!"

Gegen Mittag begann nun aber die Kuh zu „schreien", weil sie argen Hunger hatte, doch die Bäuerin kannte kein Erbarmen. Sie nahm den Ruckkorb, setzte ihr Kind hinein und stieg den Höhenweg auf den Sonnenberg hinauf. Oben beim Walburgboden hatte sie ihre Ziegen weiden, nun wollte sie sich halt deren Milch holen. Als sie angekommen war, fand sie keine ihrer Geißen, denn die hatten sie schon bemerkt und waren vor der groben Bäuerin davongelaufen. Die Ziegen hatten aber ihre Schellen um, und so war es ein Leichtes für die Stegerfrau, sie auszumachen. Sie setzte erst einmal den Ruckkorb ab und wie sie wieder aufschaute, dachte sie daran, dass hier einmal ein Riesenschloss gestanden sein soll, das mit einer ledernen Hängebrücke mit dem gegenüberliegenden Schloss Juval verbunden war. Nun aber machte sie sich an die Arbeit und begann, ihre Ziegen zu locken und tat so, als wenn sie gutes Kraftfutter mit Salz mitgebracht hätte:

„Leck, leck, leck", rief sie, aber die Ziegen kannten bereits ihren Trick und wussten, dass sie nichts Gutes von dieser Frau zu erwarten hatten. Ein kleines Zicklein bekam sie dennoch am Hinterbein zu fassen, sie nahm es und schleuderte es in ihrem Jähzorn über den tiefen Abhang in den Schnalsbach hinunter. Das Muttertier sprang die ersten paar Meter hinterher, da nahm die Stegerbäuerin einen großen, schweren Stein und warf ihn auf die Ziege, sodass die Ziege mit hinuntergerissen wurde, und dumpf hörte man den Aufprall, wo die Ziege an die vorstehenden Felsen schlug. Die wilde Bäuerin war derart in Rage, dass sie gar nicht bemerkte, wie sich dunkle Wolken über ihr aufgetürmt hatten. Es donnerte, aber nur einmal, und dieser Donner war so laut und tief, dass ihr vorkam, er würde aus dem Berg und nicht aus der Luft kommen. Zugleich begann es furchtbar zu blitzen und zu hageln. Die Blitze schienen sich alle auf sie zu richten, und die Hagelkörner hatten die Größe von Hühnereiern. Die Bäuerin vom Stegerhof schaffte es gerade noch, ihr Kind in den Arm zu nehmen, da wurden sie beide zu Stein verwandelt, und heute noch stehen sie als steile Felsnadel auf diesem schönen Aussichtsplatz. Einige wissen zu erzählen, dass die Stegerfrau erst dann Erlösung findet, wenn kein Tier mehr auf der ganzen Welt von einem Menschen gequält wird.

Der Schatzteufel

In Bozen gab es bis vor einiger Zeit ein Geschäft, in welchem man kleine Teufelchen zu kaufen bekam. Wer ein solches kaufen wollte, musste in der Nacht zu diesem Haus kommen; dann ging die Haustür von selbst auf und auch wieder zu. Schnell war im düsteren Licht des Ladens ein Verkäufer da und man brauchte ihm nur die Summe Geldes anzugeben, die man immer vorrätig zu haben wünschte; und wenn man das Teufelchen erworben hatte, war auch schon die angegebene Bargeldsumme in der Geldtasche. Das Geld in der Börse wurde nie weniger, egal wie viel man auch ausgab.

Wer mehr Geld haben wollte, musste auch mehr für das Teufelchen bezahlen und wer mit einer geringeren Summe zufrieden war, zahlte weniger.

Dieses Teufelchen war äußerlich nur klein und man musste es reinlich kleiden und sorgfältig pflegen. Auch wirkte es nur unter der Bedingung, dass der Käufer es immer bei sich trug und nicht in andere Hände gab. Weiterverkaufen konnte man es allerdings auch, aber ein solcher Verkauf durfte nur bis in die dritte Hand reichen.

Da hatte nun das Ding seinen Haken, denn wurde es das dritte Mal verkauft, so gehörte die Seele dieses dritten Käufers dem Satan. Jeder Käufer musste es sorgfältig in der Tasche bei sich tragen. Wurde das Teufelchen dem Besitzer gestohlen, so verlor der Dieb seine Seele an das gestohlene Teufelchen. Wenn man es verlor, durfte es niemand anderer aufheben, denn wer es fand und aufhob, dessen Seele gehörte dann dem Satan.

Ältere Leute wissen noch von diesem Schatzteufelchen, aber nur mehr wenige glauben, dass es jemals existiert hat. Sie sagen, das besagte Teufelchen wäre bloß eine Raunwurzel (Alraune) oder ein sogenanntes Alraunmännchen, eine behaarte, menschenähnliche Wurzel, über die allerlei Aberglauben verbreitet ist, gewesen.

Die große Domglocke zu Bozen

Die größte Glocke der großen Pfarrkirche in Bozen hat einen wunderbaren Klang und ist besonders weit zu hören. Es wird erzählt, man habe der Glockenspeise zu ihrem Guss einen reichlichen Teil edler Metalle wie Gold und Silber hinzugefügt. Die Sage weiß darüber Folgendes zu berichten:

Es wohnte bei Bozen ein sehr reicher Ritter, Hugo von Kuebach, der große Mengen an unverarbeitetem Gold und Silber besaß. Um diese Schätze zu verbergen und zu sichern, dachte er sich ein ganz besonderes Geheimversteck aus. Heimlich ließ er sich metallene Hohlkugeln gießen, und da hinein gab er sein Gold und Silber. Nun ließ er diese Kugeln ganz unbewacht und unauffällig neben sein Geschütz im Burgzwinger hinlegen.

Wenig später musste Hugo von Kuebach in den Krieg ziehen, das war genau zu der Zeit, als Hans Lutz von

Schussenried den Turm an die ein Jahrhundert früher begonnene Kirche setzte. Die Kirche sammelte nun bei der Bevölkerung um Gaben – am liebsten Erz, Kupfer und Messing – zum Guss einer großen Glocke. Als nun bei der Frau von Kuebach angefragt wurde, was sie für die Glocke spenden wolle, da entschied sie sich für die zwei großen Metallkugeln, die nur unnütz herum lagen. Und die Patres nahmen diese dankbar an.

Als nun der Ritter wieder heimgekehrt war, fand er seine Kugeln nicht mehr und stellte seine Gemahlin darüber zur Rede. Diese erzählte ihm, dass sie die Kugeln der Kirche für die große Glocke geschenkt hätte. Schließlich waren sie nicht besonders wertvoll, und die Geistlichen hätten sie für den Glockenguss gut brauchen können. Sie würden ihn sicher dafür in ihrem Gebet mit einschließen.

Doch ihr Mann wurde über alle Maßen zornig und wollte sie schon zum Fenster hinauswerfen, als in diesem Augenblick die neue Glocke in der Pfarrkirche geläutet wurde.

Ihr Klang war so bezaubernd schön, dass das Herz des Ritters tief ergriffen wurde und er seine Frau um Verzeihung bat. Nun erklärte er ihr, dass er das gesamte Gold und Silber in diesen unscheinbaren Metallkugeln versteckt hatte und alles nun mit in die Glocke gegossen worden war. Sooft er aber die herrliche Glocke läuten hörte, war es ihm wohl ums Herz und er lobte seine Frau, dass sie einen so reichen Beitrag zum Glockenguss beigesteuert hatte. Das alte Schloss des Ritters Hugo trägt jetzt den Namen Kühbach und ist auch unter dem Namen Haselburg bekannt. Ähnliches wird auch von der großen Glocke der Dominikanerkirche in Bozen erzählt.

Hans Lutz von Schussenried

Hans Lutz von Schussenried war ein junger, schwäbischer Steinmetz und sollte der neuen Bozner Pfarrkirche, die mit hohem Kostenaufwand errichtet worden war, den Turm aufsetzen. Na, das ärgerte die einheimischen Steinmetze schon sehr, dass ausgerechnet ein Fremder die aussagekräftigste Arbeit an der Kirche machen sollte. So wollten sie ihm etwas Böses tun und sannen auf Rache. Da laut Bauplan die neue Pfarrkirche zwei Türme erhalten sollte, ließ der Steinmetzgeselle Wilhelm Großmund aus Bozen das Gerücht aufkommen, dass er, sollte der Auftrag für den zweiten Turm an ihn gehen, den Kirchturm so schief bauen würde, wie Meister Wilhelm von Innsbruck den Turm zu Pisa schief gebaut hatte. Zugleich versprach er den übrigen Gesellen, dass er dem Meister Lutz schon noch „einen Brand schüren" werde.

Meister Lutz hatte am vorherigen Tag die Arbeit am Turm begonnen und der Geselle Wilhelm hatte heimlich ein Gerüstbrett falsch gelegt. Wenn nun der Meister am nächsten Tag auf das Gerüst steigen würde, um den Bau zu beaufsichtigen, dann würde er durch das sabotierte Brett in die Tiefe stürzen.

Nun hatte aber der Großmund selber etwas auf dem Gerüst vergessen und eilte bei Tagesanbruch auf den Turm, vergaß in der Eile aber, an das Fallbrett zu denken, trat unbedacht darauf, stürzte hinunter und brach sich den Hals.

Als die anderen Arbeiter auf der Baustelle erschienen, freuten sie sich schon auf den Fall des Meisters Lutz von seinem Turm. Doch ihre Schadenfreude wechselte in blankes Entsetzen, als sie den wahren Toten erkannten und glaubten, der Teufel habe ihn um Mitternacht hinaufgelockt und hinuntergestürzt.

Nun traute sich keiner mehr, beim Bau des zweiten Turmes Hand anzulegen, und der ist bis heute noch nicht fertiggestellt. So war der Großmund verstorben, Meister Lutz aber führte seinen Turm ohne weiteres Hindernis zu Ende.

Man erzählt sich, dass der stolze Turm viel, viel Geld gekostet habe. Und wenn die Steinmetze und Bildhauer ihre Geduld verloren und nicht mehr weiterarbeiten wollten, dann ließen angeblich die reichen Bozner Kaufleute das Geld in Schubkarren herbeiführen und es ihnen vorschütten. Daraufhin griffen die Arbeiter dann wieder zu Hammer und Meißel.

Als der Turm meisterhaft und fehlerlos schlank die neue Kirche zierte, da begann er sich in der dritten Nacht nach seiner Vollendung auf eine Seite zu neigen. Nun machte sich aber Meister Lutz heimlich auf und davon, denn ihn quälte die Ahnung, dass der Großmund mit des Teufels Hilfe den Turm nicht nur zum Neigen, sondern auch zum Kippen bringen könnte. Lieber verzichtete er auf die restliche Baukostensumme – doch siehe, mit seinem Rückzug von der Kirche hörte das Sinken des Turmes auf.

Der letzte Boyneburger

Die Gegend von Eppan, Missian und St. Pauls im Überetscher Gebiet ist übersät mit ansehnlichen Schlössern und Schlossruinen, so auch die Boyneburg. Diese liegt auf einem Hügel hoch über Missian und zählte früher zu den größten und schönsten Burgen. Schon von außen kann man sehen, dass sich mitten im Burghof ein gewaltiger Krater im Erdboden befindet, dem natürlich jeder versucht, aus dem Weg zu gehen. Der letzte Besitzer aus der Linie der Boyneburger war Reinbrecht von Boyneburg, ein düsterer und wilder Geselle, aber auch ein todesmutiger Kriegsheld, heftig und grausam. Er trug von den Rittern und Edlen der Gegend das schwerste und größte Schwert, und sein Arm war so stark, dass er einen jeden aus dem Sattel heben konnte.

Er war ein Vasall der mächtigen Grafen von Eppan, der Herrscher vom unteren Etschtal, deren Burg nicht weit von jener der Boyneburger stand. Zugleich waren sie aber auch die treuesten Freunde und Kampfgenossen, im Raufen wie im Saufen. Zu einer wirklich tiefen Freundschaft auf gleicher Ebene zwischen ihnen kam es aber erst im gemeinsamen Kampf gegen die Grafen von Tirol und den Bischof von Trient. Hier konnte der Boyneburger seine Loyalität beweisen und leistete dem Grafen von Eppan wesentliche Dienste. Im Charakter waren sich der Boyneburger und der Graf von Eppan übrigens sehr ähnlich, beide waren übermütig, leidenschaftlich und unüberwindlich.

Bei den freundschaftlichen Besuchen auf der Burg Eppan entging dem Reinbrecht von Boyneburg wohl nicht die anmutige Tochter des Schlossherrn, mit Namen Adelheid. Sobald er sie auch nur ansprach oder sie ihn erblickte, erzitterte sie, floh vor ihm und verbarg sich vor dem wilden Ritter. Reinbrecht gab aber nicht auf und hielt schließlich bei seinem guten Freund um die Hand dessen Tochter an. Der Graf von Eppan willigte ein, und da half auch kein Weinen und kein Bitten der Tochter, denn wenn der Graf auf etwas bestand, so musste es geschehen.

Schon drei Tage später fand die Trauung in der herrlich geschmückten Katharinenkapelle statt und zahlreiche Gäste waren eingeladen. Fahl und bleich stand Adelheid vor dem Altar und die Tränen, die sie weinte, waren keine Freudentränen. Als sie bereits ein Jahr verheiratet waren, ging die junge Rittersfrau wie so oft in den Wald, um an einem Christuskreuz zu beten. Weinend kniete sie nieder, betete und bat demütig um Sinnesänderung für ihren Mann. Dann küsste sie das Kreuz und erhob sich wieder. In diesem Moment sprang der Ritter hervor, riss sie an den Haaren und schrie:

„Ich dulde keinen andern neben mir, auch nicht den Erlöser!", und er stieß sie mit aller Gewalt zu Boden.

Doch Adelheid bewegte sich nicht mehr, sie war tot, und auch der Ritter Boyneburg bewegte sich nicht mehr, er schaute seine tote Frau einfach nur an. Als die Kirchturmuhr die neunte Abendstunde schlug, wurden sie beide gefunden und die Tote in die Familiengruft gelegt. Der Graf von Eppan verfluchte seinen ehemaligen Freund und Schwiegersohn und schloss sich für immer hinter seinen dicken Burgmauern ein.

Reinbrecht von Boyneburg aber zog ab diesem Tag wahnsinnig und rasend in den Bergschluchten herum, ließ sich Haare und Bart bis zu den Oberschenkeln wachsen und konnte keinen Trost und keine Heilung finden. Einst sah man den wahnsinnigen Ritter einmal auf dem Felsen sitzen, von wo man zur Katharinenkapelle hinüberschauen kann.

Und jeder, der ihn hier sitzen sah, ging entsetzt ob dieser wilden Gestalt und wegen seines Gestanks schnell weiter. Als er aber am zweiten, dritten und vierten Tag immer noch unbeweglich am Felsen saß, da wurde es allen klar, dass er tot war. Der Mörder wurde in das finstere Loch im Burghof hinabgeworfen, als Futter für die giftigen Würmer, die darin hausten. Der Boyneburger kann in diesem Grab aber keine Ruhe finden und als Geist wandert er ruhelos gegen Mitternacht umher. Er klettert dann aus dem Loch im Burghof, hüllt sich in ein Leichentuch und schreitet zur Katharinenkapelle, wo er in die Gruft seiner Gattin steigt und dabei heult und seufzt, dass es ein Jammer ist. Noch heute meidet man die Boyneburg in der Nacht und so kann auch niemand sagen, ob der Geist heute in seiner ehemaligen Burg zu sehen ist.

Wie der Saltner die Jungfrau erlöste

Wachsamkeit ist die Pflicht der „Saltner", der Weinhüter, die durch ihren außergewöhnlichen Hut auffallen. Ein richtiger Wald von Hahnen- und Hennenfedern bedeckt dieses Prachtstück eines Saltners. Dazwischen schimmern bunte Pfauenfedern und wo noch ein freies Plätzchen ist, hängen Fuchs- und Eichhörnchenschwänze über die Krempe. Ja, sogar ausgestopfte Dachse und allerlei kleines Getier sind an den Spitzen angebracht und zeigen mit aufgesperrtem Rachen ihre weißen Spitzzähne. Auch die sonstige Kleidung des Saltners erschreckt denjenigen, der ihm begegnet. Der Saltner trägt ein rotes oder grünes Wams mit breiten, ledernen Hosenträgern, darüber hängt lose die lederne schwarze Joppe ohne Kragen. Dünne Lederriemen verbinden diese mit den Ärmeln, so dass das weiße, grobleinene Hemd dazwischen bauschig hervorschaut. Dazu trägt er eine breite, schwarzlederne Bauchbinde mit weiß ausgenähten Ornamenten, die das Wams mit der kurzen Lederhose verbindet. Was aber die seltsame Tracht noch abenteuerlicher erscheinen lässt, das sind die zahlreichen Pfeifchen von Schweinszähnen, die an gelben Drahtkettchen gleich Orden über die Joppe hängen. Als Hieb- und Stoßwaffe hält der Saltner als Zeichen seines Hüteramtes eine Hellebarde in der Hand.

Alle Gitter und Zäune müssen von ihm mit Dornen gegen unberufene Eindringlinge verwahrt werden, und am Eingang der zur Traubenzeit verbotenen Wege und Steige muss die sogenannte „Saltnerhand" aufgesteckt werden. Das ist das Zeichen, dass hier der Bereich und die Pfandherrschaft des Saltners beginnt; es ist eine rote, aus Holz geschnitzte Hand mit gespreizten Fingern, welche meist an einen Pfahl angenagelt wird. Oft sieht man auf die Fläche dieser Hand einen Saltner aufgemalt oder auch den Teufel, um den Traubendieben noch mehr Respekt einzuflößen.

Auch das Hexenkreuz oder Kreuzeisen, ein schuhlanges, in Kreuzform geschmiedetes Eisen, mit allerlei zauberkräftigen Zeichen versehen, fehlt nicht, um zur Mitternachtsstunde, wenn die bösen Geister ihr Unwesen treiben, allen Hexen- und Teufelsspuk zu verscheuchen. Die alten Bauern, die in ihrer Jugend einmal Saltner gewesen sind, wissen von ihren Nachtwachen viele Schauergeschichten zu erzählen, bei denen sie nur dem Kreuzeisen ihre Rettung verdankten.

Mit all diesen Dingen ausgerüstet, begibt sich der Saltner in den ihm anvertrauten Bezirk, den er während der zwei bis drei Monate seiner Dienstzeit nur zum Mittag- und Abendessen verlassen darf, währenddessen ihn ein benachbarter Kollege vertritt. Überall drohen Diebe, gefräßige Spatzen und naschhafte Menschen, und überall sollte der Saltner sein, die blauen und goldgelben Trauben vor räuberischen Händen zu schützen. Zur Nachtzeit darf der Saltner sein Auge erst recht nicht schließen.

In der Nähe von Kurtatsch an der Weinstraße im Unterland stand des Nachts einmal ein Saltner wachsam neben seiner Hütte. Da kam ein Jäger, den der Saltner nicht kannte, auf ihn zu, und der Saltner bot ihm nach Landesbrauch eine scharfe Prise an. Der Jäger schnupfte etwas aus der hingehaltenen Dose und sagte:

„Um Mitternacht wird ein großer Wurm auf dich losschießen und sich um deinen Leib winden, um dir Speichel aus dem Munde zu saugen. Wenn ich dir einen guten Rat geben kann – tu dem Tier ja nichts zu Leide, sonst wird es dir übel ergehen. Befolgst du aber meine Mahnung, dann wirst du überaus reich werden."

Der Saltner erwiderte: „Schleich di, Jager, mit deiner Schlange. Ich bin doch schon dreißig Jahre als Saltner hier und habe noch nie einen Wurm in dem Weinberg zu sehen bekommen. Du möchtest dir wohl auf die pfiffigste Art Trauben holen – aber warte, wenn ich dich erwische, du Höllenbratl!"

Der Jäger machte erzürnte Augen und ging. Aber ganz geheuer kam dem Saltner die Sache doch nicht vor, und er war in dieser Nacht besonders auf der Hut, Furcht jedoch hatte er keine. Endlich, als es vom Turm zwölf Uhr schlug, kroch ein gewaltiger Wurm heran und wand sich augenblicklich dem Saltner um den Leib. Darauf streckte das Tier seinen abscheulichen Kopf in die Höhe und wollte dem Saltner Speichel aus dem Munde saugen. Dieser aber verstand keinen Spaß, zog seinen Hirschfänger und schlitzte der Bestie den Bauch auf.

Wie erstaunt war der Saltner, als aus dem Leib der Schlange, der rasselnd zur Erde stürzte, die schönste junge Frau herausstieg, die er je in seinem Leben gesehen hatte. Sie schüttelte ihrem Erretter kräftig die Hand und dankte ihm mit ergreifenden Worten für seine mutige Tat, durch die er sie erlöst hatte. Zeitlebens werde sie es ihm danken. Darauf verschwand die Jungfrau, und dem Saltner schien das Geld in der Tasche zu wachsen und er konnte sich nicht erklären, wie das geschah.

Der Pestreiter

Auf dem Weg von Kaltern durch die Weinberge nach Oberplanitzing kommt man, etwa dreihundert Schritte vor dem Dorf, an einem seltsamen, hölzernen Bildstock vorbei. In diesem Bildstock ist keine Abbildung zu sehen, die auf ein Geschehnis hinweist, sondern einzig und allein gebleichte und halb vermoderte Gebeine. Nach diesem Bildstock nannte man es hier lange Zeit „bei den Gräbern". Wie dieser Flurname entstanden ist und was es mit dem eigenartigen Bildstock auf sich hat, das wird seit eh und je in der Umgebung erzählt:

Vor über hundert Jahren, als in Kaltern und im gesamten Überetsch die Pest wütete und zahlreiche Menschen daran starben, blieb nur die Ortschaft Oberplanitzing von dieser schrecklichen Seuche verschont. Ein Kalterer, der sich schon sehr schwach fühlte und mit der Angst lebte, dass er auch schon bald an der Pest sterben würde, ärgerte sich, dass die Seuche das Dorf Oberplanitzing bis jetzt noch nicht erreicht hatte.

„Das lässt sich leicht ändern", dachte sich der neidische Mensch, schwang sich auf sein Pferd und ritt nach Oberplanitzing, um den Pesterreger weiterzuverbreiten.

Als er aber die Garneller Lahn überschritten und fast das Nachbardorf erreicht hatte, fiel er sterbend vom Pferd und blieb am Boden liegen. Sein Pferd jedoch rannte weiter und kam nach Oberplanitzing hinein. Die Einwohner sahen nun das gesattelte Pferd ohne Reiter und wurden dadurch neugierig. Sie fragten sich, woher das Pferd wohl gekommen sein mochte und ob etwa ein Unglück geschehen wäre und suchten die Straße auf und ab, um Hilfe zu leisten. Es dauerte nicht lange, da hatten sie den sterbenden Reiter gefunden und konnten nichts mehr für ihn tun, als ihm beizustehen. Natürlich hatten auch sie schon vom Schwarzen Tod gehört und beschlossen, den Toten nicht auf dem Dorffriedhof zu begraben, sondern an der Stelle, wo er gestorben war. Doch die herbeigeeilten Menschen waren bereits angesteckt, und noch am selben Tag brach in Oberplanitzing die Pest aus, an der beinahe das ganze Dorf sterben sollte. Die vielen Toten wurden nicht nach Kaltern gebracht, sondern ebenfalls bei dem fremden Reiter begraben. So wurde diese Stelle von den Einheimischen „bei den Gräbern" genannt.

Der schadenfrohe Kalterer aber, durch den fast ein ganzes Dorf ausgerottet wurde, konnte in seinem Grab keine Ruhe finden. Oft schon wurden nächtliche Heimkehrer auf dem Weg von Kaltern nach Oberplanitzing im Bereich der Garneller Lahn von einem wilden Gestampfe und Geschnaube hinter sich erschreckt. Wenn sie sich dann erschrocken umdrehten, sahen sie ein wild daher galoppierendes Pferd, auf dem ein schwarzer, kopfloser Reiter saß. In klaren Vollmondnächten konnte man noch dazu erkennen, dass Pferd und Reiter keinen Schatten warfen. Dieser unheimliche Reiter folgte dem Wanderer genau bis zu dem Bildstöcklein „bei den Gräbern", stieß dort einen tiefen Seufzer aus und verschwand wieder.

Der Wilde Mann in Montiggl

Früher stand auf einer Anhöhe im Montiggler Wald eine halb zerfallene Hütte, die von den Leuten gemieden wurde, weil es dort immer unheimlich war. Noch heute fällt es manchem Einheimischen schwer, an dieser Stelle in der Nacht vorbeizugehen und er nimmt lieber einen langen Umweg in Kauf. Manch einer macht einfach das Kreuzzeichen und vertraut auf die Kraft des Kreuzes gegen alle nächtlichen Dämonen.

In dieser Hütte soll früher ein Wilder Mann gewohnt haben, der – wie alle Wilden Männer – riesig groß und unglaublich stark war, man hieß ihn auch den „Montiggler Wilden". Er hatte immer eine dicke Keule oder einen Baumstamm bei sich und war sehr urtümlich mit einem ledernen Lendenschurz und Tierfellen bekleidet. Dazu war er sehr behaart, besonders seine Kopfhaare glichen einer einzigen Filzmatte, und überall hing an ihm „Baumbart" lose herunter – die Flechte, die man auf hochalpinen Bäumen findet.

Wer sich bei Nacht in die Nähe des Montiggler Waldes wagte, der wurde nie wieder gesehen. Ein altes Weiblein war einmal in den Wald gegangen, um Reisig zum Feuermachen zu klauben. Wie das Mütterlein aber so vertieft bei der Arbeit war, bemerkte es gar nicht, dass die Sonne schon unterging; und ehe das Weib es geschafft hatte, wieder aus dem Wald zu kommen, war die Nacht bereits hereingebrochen.

Die Alte kehrte nie mehr zu den Ihrigen zurück. Und niemand getraute sich in der Nacht, sie suchen zu gehen, und schon gar nicht in den Wald hinein. Als sich nun am nächsten Morgen die Leute im Wald auf die Suche machten, fanden sie ihre Überreste auf dem Wildemannsbühel bei der Hütte des Wilden Mannes. Der Wilde hatte sie aufgefressen und nicht viel von ihr übrig gelassen.

Eines Tages kam der Montiggler Wilde nach Schreckbichl und holte sich von dem nächsten Bauernhof einfach ein Paar Ochsen aus dem Stall. Der Bauer traute sich nichts gegen den Wilden Mann zu sagen, schlich ihm aber heimlich nach. Da musste er mit ansehen, wie er die Ochsen vor seinen Pflug spannte und wie wild auf sie einschlug. Grimmig rief er dazu: „Hü, hotü, hü!"

Der Bauer wagte noch immer nicht, etwas gegen den Wilden zu unternehmen und ging schweren Herzens wieder auf seinen Hof.

Am andern Morgen aber standen die Ochsen wieder in seinem Stall. Und siehe da – sie waren viel fetter und stärker geworden, so dass der Bauer kaum seinen Augen trauen wollte. Gestern hatte er doch selber gesehen, wie hart sie arbeiten mussten, und jetzt standen sie hier dick und fett im Stall und schwitzten wegen ihrer Körpermasse wie Ölkrüge!

Dann aber kam eine Zeit, da hatte schon lange niemand mehr etwas vom Wilden Mann gesehen oder gehört. Nun trauten sich die Menschen schon viel öfter in den Wald, und so waren sie auch an diesem Tage zum Laubsammeln hineingegangen. Als sie an der Hütte des Wilden Mannes vorbeikamen, die vollkommen verlassen wirkte, konnten einige Neugierige nicht widerstehen und lugten durch die weit geöffnete Tür in die Hütte.

In der Hütte drinnen fanden sie eine riesige Grube, aber keine Spur von dem Wilden. So wagten sie sogar in das Loch hineinzuklettern.

Als sie aber alle unten in der Grube waren, da fing diese sich plötzlich zu drehen an, so dass ihnen schwindlig wurde und sie auf den Boden fielen. Dabei hatten sich die Wände der Grube verwandelt, sie schimmerten jetzt vor purem Gold. Zum Glück gelang es den Neugierigen wieder hinaufzusteigen und sich zu befreien, als sie aber wieder oben angelangt waren und hinuntersahen, waren die goldenen Wände verschwunden.

Die Saligen in Radein

In der Nähe des Dorfes Radein am Regglberg gibt eine enge, finstere Höhle, die von den Einheimischen Hexen- oder Frauenloch genannt wird. Früher lebten dort kleine und seltsame Fräulein, die man eigentlich nur an Freitagen nach dem Betläuten hinein- und hinausschlüpfen sah. Diese Wilden Frauen waren Salige, die den Kontakt zu den Menschen scheuten.

Die Bauern wurden aber mit der Zeit neugierig, und irgendwann wagten sich drei beherzte Burschen an einem Freitagabend nach dem Betläuten in das Loch.

Sie krochen eine schöne Strecke hinein, aber das Loch wurde immer enger und enger, so dass ihnen gar nicht mehr wohl dabei war. Zwei von ihnen wollten schon wieder umkehren, aber der Dritte krabbelte auf allen Vieren mutig vorwärts, und die beiden anderen wollten ihn nicht im Stich lassen und gingen daher auch weiter in die Höhle hinein.

Nach wenigen Minuten wurde der Gang auch schon wieder weiter, und plötzlich gelangten sie in einen geräumigen Saal, in dem weder Tische noch Bänke standen. An den Wänden bemerkten sie da und dort einen aus dem Felsen hervorstehenden Goldklumpen, der in dem Licht ihrer kleinen Laterne schimmerte. Einer der Burschen schlug nun so einen Goldklumpen aus der Wand, und jetzt erst bemerkten sie eine kleine Tür, die sie vorher nicht gesehen hatten.

Auch diese Tür war vor ihnen nicht sicher und wurde geöffnet. Da machten die Burschen wohl Augen, als sie sahen, was für Goldschätze hier gelagert wurden. Doch genau in dem Augenblick schwärmten von allen Seiten die kleinen Fräulein herbei – man konnte nicht sehen, woher sie kamen, auf einmal waren sie im Saal.

„Was habt ihr hier im Frauenloch zu suchen?", fragten sie die Burschen.

Einzig der mutige Bursch unter ihnen brachte es fertig den Frauen zu antworten; er sagte ihnen die Wahrheit – dass sie gekommen waren, um zu sehen, was sich in der Höhle befand. Sie wollten weiter nichts hier und würden sofort wieder umkehren, die Fräulein sollten ihnen doch ihre Neugierde und die Störung verzeihen.

„Nein, wir kennen die Menschen zu gut, wir können euch nicht glauben und ihr sollt für euren Frevel teuer bezahlen", erwiderten die kleinen Frauen.

„Nein, nein, bitte nicht – wir versprechen euch, dass wir niemandem etwas von dieser Höhle im Regglberg erzählen – ganz ehrlich!", versuchte der Jüngling die Frauen zu besänftigen. Und das gelang ihm auch, denn die Saligen Fräulein waren den jungen Burschen gegenüber nie abgeneigt. Sie ließen sie also ungestraft gehen, nahmen aber jedem Einzelnen das Schweigeversprechen ab.

Die jungen Männer jedoch hielten ihr Versprechen nicht, sondern erzählten kaum, dass sie im Dorf wieder angekommen waren, von den Schätzen, die sie gesehen hatten.

Am nächsten Freitag nun zog eine ganze Armee bewaffneter Bauern aus Radein zum Frauenloch; einer nach dem anderen kroch durch den Felsengang in den unterirdischen Saal. Die Fräulein sprangen entsetzt auseinander und sprachen einen mächtigen Zauber über die Höhle. Ehe sich die Bauern versahen, war das Gold zu einfachem Stein verwandelt und die Saligen waren verschwunden. Ohne auch nur ein Gramm Gold erwischt zu haben, mussten die Bauern wieder ins Tal steigen, die Saligen aber, die den Leuten entweder aus dem Weg gegangen waren oder nur Gutes getan hatten, waren aus der Gegend von Radein für immer verschwunden.

Die Willeweis

Die Willeweis – so hieß ein altes Weiblein in Welschnoven im Eggental, dem man nachsagte, dass es schon einige hundert Jahre auf dem Buckel hatte. Tagelang saß es bei den Bauern in den Hütten herum, und immer an einem anderen Platz. Am liebsten hockte es in der Küche neben dem Herdfeuer, sprach und deutete fast nichts. Dazu zitterte es selbst im heißesten Sommer vor Kälte und innerem Schauder. Gab man ihm zu essen, so flüsterte es ganz leise und zaghaft:

„Dank recht schian,
i wer schun gian."

Überhaupt redete die Willeweis – wenn sie schon einmal sprach – stets in Reimen. Das Versprechen aber, bald zu gehen, das vergaß sie immer recht schnell wieder und blieb oft so lange am Herd sitzen, dass sie den Leuten lästig wurde.

Man erzählte sich, dass es schon ein Mittel gäbe, um die Willeweis auf immer und ewig loszuwerden. Man müsse ihr nur irgendetwas zeigen oder sagen, was sie noch nie in ihrem langen Leben gesehen hatte, dann würde sie gehen und nie wieder auf den Hof kommen. Aber das war nichts Leichtes, denn die Willeweis schaute ja fast nie auf und schien alles schon gesehen und gehört zu haben, was es Wunderliches und Seltsames auf dieser Welt gibt.

Beim Pircher hängten sich der Bauer, die Bäuerin, die Knechte, Mägde und Kinder die großen Kuhschellen um den Hals und schrien: „Muh, muh, muuuh!" So zogen sie im ganzen Haus herum, in die Küche hinein und wieder heraus. Doch die Willeweis sagte nur:

„Dö Plag, dö Müah!
i kenn' enk do längst schun
als Ochsen und Küah!"

Beim Strobele-Strutzer tauschten sie die Rollen, und der Bauer, der einen langen Bart trug, ging im Gewand der Bäuerin zum Herd und kochte. Die Bäuerin stapfte in den Hosen ihres Mannes in die Küche, setzte sich dort auf den Hackstock und rauchte die Pfeife, dass ihr fast übel wurde. Die Buben liefen als Mädeln ein und aus und umgekehrt.

Aber auch das beeindruckte die Willeweis nur wenig, ein „Hm, hm!" war nur von ihr zu hören. Dann sprach sie aber doch:

„Die Hos' als Kittel,
der Hias als Grittel.
Die Lies als Luis –
ist mir nicht Nuis."

Beim Fötsch wollten sie das alte Weiblein mit verdrehten Tischsitten beeindrucken; sie tranken die Suppe aus Krügen, aßen die Knödel mit der Hand, das Mus am Abend mit der Gabel und sprachen dazu in einer selbst erfundenen Fantasiesprache. Doch was tat die Willeweis? Sie machte es genau so wie die Hausleute mit Suppe, Knödel und Mus und sprach im selben, närrischen Kauderwelsch:

„Faringalorum, Fötscheber quutal,
Larin madorum plötsch geber zutal."

Beim Geiger auf Kar spielten die Kinder „Kochelets" mit den vielen Eierschalen, die von der Bäuerin schon lange Zeit in der Küche aufgehoben worden waren. Sie streuten Asche über den ganzen Herd und setzten die Hälften der Eierschalen als „Häflein" auf. Sie gossen Wasser in diese und kochten im Spiel Kaffee, Tee und Suppen.

Als das aber die Willeweis sah, schlug sie die Hände über dem Kopf zusammen und meinte ganz verwundert nur „Na, na, na, na!"

Dann sprach sie:

„Ich bin ein alter Narr,
gedenk den Wald im Kar

neunmal als Wies', neunmal als Wald,
den Schlern als Nusskern,
die Rotwand als Kinderhand,
die Gepleng als Messerkling',
das Tschagerjoch als Knospenbloch –
aber von so viel Hafelen auf einem Herd
hab ich mein Lebtag noch nicht g'hört."

Mit diesen Worten stand sie vom Herd auf und ging bei der Tür hinaus. Sie machte sich auf und davon und man hat sie seit dieser Zeit nie mehr gesehen.

Starkwölfel, der Drachentöter

Im Unterland hauste vor ewigen Zeiten ein Drache, der den Einwohnern das Leben schwer machte. Seine Höhle hatte er unter dem „Roten Stein", der zu Pfatten an der rechten Seite der Etsch gehört.

Das schreckliche Tier scheute das Tageslicht, erwachte aber im Abendrot und flog dann in feurigem Glanz über Berge und Täler, über Wälder und Seen. Mit seinem Feueratem steckte er überall dort, wo er flog, die Gegend in Brand, sodass in seiner Flugschneise die Bäume bis auf die Wurzeln abstarben und Gras und Kraut ihr saftiges Grün verloren.

Der Drache war übers italienische Meer hergekommen und hatte sich den steinigen Bergabhang mit den wilden Felsen und den weiten, dunklen Höhlen zur Wohnung auserkoren. Da lebte er nun in seinem Höhlenspalt am Roten Stein. Niemand konnte sich mehr in den Feldern frei bewegen, denn wenn der Drache unvorsichtige Menschen sah, fing er sie, um sie mit seinen gewaltigen Fängen zu erdrücken und aufzufressen. Nur die Köpfe der Getöteten fraß er nicht, sondern schleppte sie in seine Höhle, wo er sie auf einen Haufen warf. Niemand konnte auch mit den stärksten Waffen das Ungetüm besiegen. Die Höfe der Bauern verödeten, kein Mensch war mehr da, der den Acker bebaute oder Reben anpflanzte. Entsetzen verbreitete sich im gesamten Etschland, wo man überall die blutigen Spuren des Drachen sah.

Nur einer war stark genug, das Ungetüm zu besiegen – einer, der den hiesigen Menschen schon mehrfach Retter in der Not gewesen war – der Wölfel von Deutschnofen im Eggental. Er wollte versuchen, mit dem Drachen zu kämpfen.

Weil es aber Mittag war, ruhte das Tier in der felsigen Höhle und war nicht zu sehen. Wohl stieß der Wölfel mit einer gewaltigen Stange an die Felswand, lockte den Drachen durch Pfiffe und warf Steine zur Höhle, doch dies alles war vergeblich. Da kletterte er auf den überhängenden Felsen, und wie er die Lage des Versteckes von oben ausgespäht hatte, ließ er von einem Bauernhof einen Eimer voll süßer Milch bringen. Als die Milch nun zur Höhle geschafft war, knüpfte der Wölfel ein Seil am Kübel fest und ließ geschickt daran das Gefäß über den Roten Stein hinabgleiten bis vor des Drachen Höhle. Dort blieb der Eimer schweben. Spähend streckte bald das Ungetüm seinen Kopf aus dem Felsloch, und seine stählernen Schuppen glänzten in der Sonne. Mit seiner feinen Nase nahm er den Duft der Milch auf, stürzte sich darauf und begann den süßen Inhalt zu schlürfen.

Der Wölfel schaute nun direkt in die blutgierig funkelnden Augen des Drachens und fühlte den heißen, giftigen Atem heraufsteigen.

Mit einem gewaltigen Ruck riss er einen Stein, so groß wie ein Heustadel, vom Felsen los und schleuderte ihn auf den Kopf des Feuerdrachens. Nun hatte das Untier ein riesiges Loch im Kopf, schwarzes Blut strömte heraus, und mit einem fürchterlichen Röcheln und unter grässlichem Zucken verendete es. Das Blut aber rannte unaufhörlich den Fels hinab und gelangte schäumend in die Etsch, es schien, als ob es kein Ende nehmen wollte.

Das Unterland war endlich von dem Feuerdrachen befreit und es kehrte wieder Leben in das Tal ein.

Der Teufelssessel bei Matschatsch

Am Mendelkamm, dort wo das Plateau von Überetsch allmählich zum Mittelgebirge ansteigt, steht eine uralte verkrüppelte Buche, welche in der Bevölkerung „der Teufelssessel" genannt wird.

Vor einigen hundert Jahren lebte zu Matschatsch, zwischen Kaltern und Berg an der Mendelstraße, ein armer Pächter, der nicht wusste, wie er täglich seine Familie ernähren sollte, und dessen Kinderschar noch dazu jedes Jahr wuchs.

Der arme Mann ging nun einmal geplagt von seinen Sorgen in den Wald, um seinen Kopf frei zu bekommen und gelangte zufällig zur alten und unheimlichen Buche. Auf dem Stamm dieser Buche saß an diesem Tag ein seltsames Männlein mit einer altmodischen Jägerjacke und einem grünen Jägerhut auf dem Kopf. Seine Beine ließ es in der Luft baumeln und seine Stiefel waren von so absonderlicher Form, dass der Pächter gar nicht seine Augen davon abwenden konnte. Nun sprach ihn dieser komische kleine Jägersmann auch noch an:

„Was fehlt dir, guter Freund, dass du ein so trauriges Gesicht machst?"

Und nun erzählte er dem Fremden, wie ihm „das Wasser bis zum Hals stand", dass er nicht wusste, wie er seine Pacht bezahlen sollte und Angst hatte, seine

Güter zu verlieren und dass sie wohl alle bald verhungern müssten.

„Nein, nein", sagte der Jäger ruhig, „so weit wird es schon nicht kommen – da nimm!", und er reichte ihm seinen prall gefüllten Geldbeutel. „Es sind hundert Taler drin, aber du musst mir versprechen, das Geld in einigen Jahren wieder zurückzuzahlen. Kannst du das nicht, dann gehörst du mir mit Leib und Seele."

Der arme Pächter nahm den Geldbeutel und meinte, das Glück seines Lebens in den Händen zu halten. Er war so froh, endlich wieder einen Lichtblick zu sehen, dass er wie selbstverständlich den schriftlichen Vertrag, den ihm das Männlein reichte, mit seinem eigenen Blut unterschrieb. Er nahm sich ganz fest vor, zum festgelegten Termin das Geld wieder zurückzuzahlen. Jetzt aber konnte er seinen Pachtzins zahlen und das gute, teure Saatgut kaufen; dann würde er eine reiche Ernte einfahren und so würde er sein Geld vermehren und in ein paar Jahren würde er an seine einstige Notlage gar nicht mehr zurückdenken.

Als aber schließlich nach Jahren der Zahltag gekommen war, hatte der Pächter das Geld nicht und ging verzweifelt zu einem Kapuziner im nahe gelegenen Kloster St. Michael in Eppan. Dieser sagte ihm, er brauche keine Angst zu haben, er solle nur dem Jäger die Schulden in lauter blanken Kreuztalern zurückzahlen. Der Kapuziner legte ein Wort für den armen Mann beim reichen Herrn von Call ein, der ihm die besagte Summe in Form von Kreuztalern lieh. Termingerecht ging nun der arme Pächter zu der großen Buche und wurde auch schon von dem kleinen Jägersmann höllisch grinsend erwartet. Der Pächter hielt ihm nun den Geldbeutel unter die Nase und der Jäger öffnete ihn sogleich, um den Inhalt zu überprüfen. Als er aber die Kreuztaler sah, ließ er den Beutel aus seinen krallenförmigen Händen fallen, als wären glühende Kohlen darin, und floh unter Wutgeheul durch die Luft davon.

Die Kreuztaler brachte der Bauer brav dem Verleiher wieder zurück, aber das Glück war mit diesem Tag vollkommen aus seiner Familie gewichen. Er blieb zwar ein arbeitsamer Mensch, doch viele seiner Kinder und Kindeskinder bekamen chronische Krankheiten und Körperanomalien. Dort aber, wo der Teufel auf dem Stamm der Buche saß, hat sich seine Form in den Stamm gedrückt und noch heute kann man diesen „Teufelssessel" finden.

Aus dem Grab nach Weißenstein

Beim Goldegger in Leifers diente eine brave Magd, welche die Dirn eines Nachbarhofes zur Freundin hatte. Eines Tages versprachen die beiden zusammen nach Weißenstein zu pilgern, schoben aber die Wallfahrt immer wieder auf, bis endlich gar nichts mehr daraus wurde, denn die zweite Dirn „schlenggelte" von Leifers weit fort in die „Walsch". Sie schrieb wohl das eine oder andere Mal in einem Brief an die Goldeggerdirn von der ausgemachten Wallfahrt und versprach, bald einmal zu kommen, um mit ihr endlich einmal nach Weißenstein zu fahren. Aber sie kam und kam nicht.

Da wurde die Goldeggerdirn einmal in der Nacht vor einem Bauernfeiertag aus dem Schlaf gerissen. Jemand stand vor dem Haus und rief ihren Namen – sofort war die Dirn putzmunter. Sie sprang aus dem Bett und ans Fenster und erkannte in der Vollmondnacht ihre Freundin aus der „Walsch", die heraufrief, sie solle sich flink anziehen und mit ihr nach Weißenstein gehen. Weil das der Goldeggerdirn recht war, legte sie auch schnell ihre Kleider an und lief eilig nach unten. Dann ging sie zur Haustür hinaus und grüßte die andere recht herzlich, diese aber fing schon im gleichen Moment zu beten an. So stiegen sie betend in der frischen, klaren Nacht den Berg hinauf. Die Goldeggerdirn aber war auch neugierig zu erfahren, wie es der Freundin in der neuen Stelle erginge und hätte sie gerne ausgefragt, auch hätte sie gern da oder dort ein wenig ausgeschnauft, aber die Freundin kannte kein Erbarmen und ging in einem fort betend weiter.

Oben auf der Höhe, wo der Weg aus dem Wald heraus auf die Wiesen führt, nicht weit von Weißenstein entfernt, traf es sich, dass gerade die Goldeggerdirn das „G'sätzlein" vorbetete; wie's der Brauch ist, hätten sie nun abwechseln sollen – doch hinter ihr betete niemand mehr mit!

Sie drehte sich um und die andere war weg. Sie rief ihre Freundin beim Namen, aber es kam keine Antwort. Nun lief sie in den Wald zurück, um nach ihr zu suchen, aber sie war nicht mehr zu sehen. Wie sie sich so umschaute, fiel ihr erst auf, dass es noch immer nicht hell werden wollte. Als sie unten weggegangen waren, hatte sie vergessen, auf die Uhr zu schauen; vielleicht war's da erst Mitternacht gewesen. Sie fing an sich zu fürchten, doch überwand sie sich und ging betend weiter.

Als die Dirn endlich zur Wallfahrtskirche kam, fand sie ihre Freundin vor der versperrten Kirchentür knien. Das konnte nicht mit rechten Dingen zugegangen sein, dachte sie bei sich. Sie kniete sich aber neben der andern nieder, gerade in dem Moment, als oben im Turm das Betläuten begann. Im Nu war die Freundin wieder fort, wie ein Nebelbild weggehaucht. Jetzt befiel die Goldeggerdirn ein Grauen. Und als die Kirchentür aufgesperrt wurde, trat sie vor das Gnadenbild und betete mit inniger Andacht für sich und die Freundin.

Als wenig später die heilige Messe begann, da erblickte sie auf einmal, vorne im Kirchstuhl kniend, wieder ihre Wallfahrtsgenossin. Sie sah wiederholt hin – sie war es, und sie täuschte sich nicht. Als nun die Messe zu Ende war, da verschwand auch ihre Freundin wieder!

Die Goldeggerdirn holte sich darüber bei einem Geistlichen Rat, und dieser munterte sie auf, für ihre Freundin zu beten, weil diese gewiss verstorben sei, ohne die versprochene Wallfahrt abgehalten zu haben. Sie solle der armen Seele zuliebe eine heilige Kommunion aufopfern, dann werde alles gut enden. Das tat die Dirn, und nach verrichteter Andacht trat sie den Rückweg nach Leifers an. Beim Bildstöckl am Waldrand, dort, wo die andere auf dem Hinweg verschwunden war, stand die Freundin wieder da und wartete auf sie. Sie grüßte ganz herzlich und fing auch gleich wieder an zu beten. So zogen sie den Berg hinab, unten aber verschwand die andere plötzlich und sie hatte sie das letzte Mal gesehen.

Daheim angekommen, wartete allerdings schon die inzwischen eingetroffene Nachricht auf sie, dass ihre Freundin in der „Walsch" nach kurzer Krankheit, jedoch mit den heiligen Sterbesakramenten versehen, am Vortag gestorben sei.

Die Scheintote von Maderneid

Auf dem Ansitz Thalegg in Maderneid – nach anderen Quellen war es der Ansitz von Perckhammer – lebte früher eine Vinschgerin, die sich ins Überetsch verheiratet hatte. Diese verstarb ganz plötzlich und ohne erkennbaren Grund und wurde auf dem Friedhof von St. Pauls in der Familiengruft beigesetzt. Der Paulser Totengräber aber hatte gesehen, dass man die verstorbene Dame mit einem wunderschönen und sicher sehr wertvollen Ring am Finger bestattet hatte.

„Was kann eine Tote schon noch mit einem Ring anfangen", dachte er bei sich und nahm sich vor, in der Nacht den Ring zu holen.

Als es nun finstere Nacht war, stieg er in die Familiengruft ein, öffnete den Sarg und wollte der Toten den Ring vom Finger ziehen. Doch nun wusste er, warum die Tote den Ring noch am Finger trug – er ließ sich nicht abziehen.

„Das haben wir gleich", sprach er zu sich selber, nahm die Rosenschere und schnitt der Toten den Ringfinger ab.

Doch was für ein Schreck – die Tote machte einen „Zucker", begann fürchterlich zu bluten und schlug noch dazu ihre Augen auf! Durch den gewaltigen Schmerz war sie wieder zu sich gekommen und stieg aus dem Sarg heraus. Der Totengräber, selber zu Tode erschrocken, half ihr nun aus der Gruft heraus, verarztete sie dann fachgerecht und brachte sie zu ihrem Haus nach Maderneid. Als sie so spät in der Nacht an der Haustür läutete, rief ihr Ehemann von oben herab:

„Wer da?"

„Die Frau des Hauses", antwortete die aufgewachte Scheintote mit leiser Stimme.

„Oh, nein", antwortete ihr Mann schluchzend, „die haben wir gestern auf dem Friedhof begraben!"

Er wischte sich die Tränen aus den Augen und kam schnell zur Tür gelaufen, denn der Totengräber stand schließlich neben ihr. Als er die Tür öffnete, erkannte er seine Frau und nahm sie glücklich in die Arme. Von diesem Tag an wussten sie das gemeinsame Leben miteinander erst richtig zu schätzen, und die Frau gebar sogar noch ein Kind. Nach sieben Jahren starb sie dann aber wirklich und wurde nun endgültig in der Familiengruft beigesetzt.

Durch das von dem glücklichen Ehepaar gestiftete Votivbild in der Maria-Hilf-Kirche in Lana blieb die Begebenheit mit der Scheintoten noch lange Zeit in Erinnerung.

Der Zauberer
von Castelfeder

Das Südtiroler Unterland wurde lange Zeit durch einen mächtigen Zauberer beherrscht, der mit einer ganzen Schar von Zaubergeistern auf der Burg Castelfeder, zwischen Auer und Montan, herrschte. Die urkundlich im Jahr 1203 erwähnte Burg „Castellum vetus de Egna" (Alt-Enn) war von einem Wassergraben umgeben und darin patschten giftige Kröten und Salamander umher. Es war auch nicht geheuer um den Berg, auf dem das Schloss stand, und die Leute nahmen lieber einen Umweg, als an diesem unheimlichen Ort, an dem es „geisterte", vorbeizugehen.

Wenn aber ein junges Mädchen nur in die Nähe der Burg kam, verschwand es gewiss, denn der Zauberer trug solche Beute am liebsten in seine Geisterburg. Wenn es sich dann ihm nicht hingeben wollte, sperrte er es in das Verlies des finsteren Turmes und ließ es elendiglich verhungern. Schon mancher kühne Held hatte versucht, den Zauberer im Kampf zu überwältigen, aber unter dessen Schwert verlor noch jeder sein Leben – daher wagte sich lange niemand mehr in seine Nähe.

Eines Tages jedoch ritt ein stattlicher Ritter die Straße herab gegen die Burg des Zauberers zu. Er war ein auserwählter Krieger, von Kopf bis Fuß in einer stählernen Rüstung, der von der Bedrängnis des Volkes gehört hatte und deshalb ins Land gekommen war. Er hatte daheim eine wunderschöne Braut zurückgelassen, nur um seinen Heldenmut unter Beweis zu stellen und die gefährdeten Bräute anderer Männer zu retten. Bis zur Burg war ihm auf seinem Weg nichts Böses begegnet, da – auf einmal – erblickte er auf dem höchsten Turm den Zauberer, und sogleich forderte er den Mädchenräuber zum Kampf heraus.

Es dauerte nicht lange, da ging das Schlosstor auf, und der Zauberer kam auf einem seltsamen Reittier herausgesprengt. Sein Reittier war eine Kreuzung aus einem Ross und einem Greifen, dem bekannten dämonischen Mischwesen aus Löwe und Adler.

Nun begann ein wütender Streit. Wohl schleuderte der Ritter seinen mächtigen Speer auf den gegnerischen Zauberer, doch der prallte an dessen gepanzerter Brust ab und sauste zersplittert auf den Angreifer zurück.

Nun griff der Krieger zum Schwert und versuchte, den Zauberer mit kräftigen Hieben niederzustrecken, aber dieser wusste sich mittels seiner Magie zu helfen und ließ ein tosendes Meer vor sich entstehen, in welchem der Ritter ertrunken wäre, hätte ihm nicht seine Braut einen schützenden Talisman mit auf die Reise gegeben.

Auch das Feuer, das gleich darauf aus dem Boden brach und dessen Flammen sogleich über seinem Kopf zusammenschlugen, konnte ihm keinen Schaden antun.

Jetzt kam dem Zauberer seine große Geisterschar zu Hilfe, doch der tapfere Ritter ließ sich von keinem Zauber blenden und schwang unaufhörlich sein Schwert gegen seine Feinde, so dass die Funken flogen.

Während aber der Zauberer seine Geister gegen den furchtlosen Ritter kämpfen ließ, sammelte er seine Gedanken und drang mittels Telepathie in die Gedanken und Gefühle des jungen Helden ein.

Da sah der fremde Ritter gerade in dem Moment, in dem er mit seinem Schwert auf einen feindlichen Geist einschlug, seine Braut vor sich und es war sein Schwert, das er ihr in die Seite geschlagen hatte – blutend lag sie vor ihm, und er hörte sie weinen und klagen.

Dieser Zauber wirkte, denn der Held verfluchte seine Tat und schleuderte erschrocken die Waffe von sich. In dem Augenblick konnte ihn der Zauberer gefangen nehmen und führte ihn auf seine Burg, wo er den Gefangenen in den Hungerturm warf.

Das brave Pferd des Ritters rannte in banger Hast schäumend fort und bis zu der Burg, in der die Braut seines Herrn wohnte. Diese sprang, als sie das Wiehern hörte, auf und sah das bekannte Pferd des Geliebten, doch ohne den ersehnten Reiter. Anfangs erschrak sie so heftig, dass sie völlig in die Knie sank, aber bald erhob sie sich, und schnell war ihr Entschluss gefasst, den Bräutigam zu retten, wenn er noch am Leben wäre.

Sie selbst bestieg das treue Tier und ritt im fliegenden Galopp zu der Zauberburg im Etschland. Auf dem Kampfplatz fand sie das wohlbekannte Schwert des Helden und steckte es schnell unter ihr Kleid. Dann ritt sie furchtlos auf das Burgtor zu, wo ein grauenhafter Drache zur Bewachung lag. Aber der Zauberer hatte sie schon bemerkt und führte sie mit teuflischem Grinsen in das Schloss.

„Nur hereinspaziert, meine Liebe, ich habe Euch erwartet, aber dass Ihr so flink sein würdet, das hatte ich nicht gedacht. Bitte nehmt meinen Arm, so wird Euch keiner meiner Wächter etwas zu Leide tun", flötete der Zauberer und war in dem Moment, in dem er sie sah, bereits verliebt in sie.

Als er sie jetzt noch an seinem Arm in die Burg führte, war er schon fast um seinen Verstand gekommen. Er versuchte, die junge Adelige wie jedes Mädchen zu verführen, doch diese kannte keine Furcht aus Liebe zu ihrem Verlobten. Sie versprach dem Zauberer eine Liebesnacht, wenn sie sich die nächsten Tag frei in der Burg bewegen könne – um sich von den Strapazen zu erholen, wie sie sagte.

Doch nun nahm sie die Zaubergeister in ihren Dienst und konnte so den Kerker ihres Bräutigams ausfindig machen. Da stand ihr Bräutigam vor ihr, und als sie ihn erblickte, musste sie vor Freude weinen. Als der Ritter sah, wie sein Schwert in ihrer Hand blitzte, fasste er es und schlug damit sogleich dem herbeigeeilten Zauberer den Kopf ab. Da entstand ein ungeheures Getöse in der Burg. Bären, Wölfe und schwarze Hunde jagten geifernd durch die düsteren Hallen, und der Drache vor dem Burgtor flog rauschend durch die Luft davon. Der Berg erbebte und krachend stürzte, von gierigen Flammen verzehrt, das Zauberschloss in Trümmer zusammen; nur mit knapper Not konnte der Ritter sich und seine Braut retten. Auch der Burggraben mit dem giftigen Wasser und seinen Kröten und Salamandern war verschwunden, nichts mehr war von dem Zauberschloss zu sehen oder erinnerte an seine Existenz. Lediglich in besonders finsteren Nächten sieht man noch manchmal auf Castelfeder gespenstige Flammen, und nicht selten fährt die Wilde Jagd durch das alte Gemäuer.

Das goldene Kegelspiel von Hocheppan

Einige Hirtenbuben waren den Sommer über damit beschäftigt, ihre Ziegen in der Nähe der Burgruine Hocheppan zu weiden. Nachdem sie schon viele Wochen hier oben waren, trauten sie sich eines Tages, in die Burg hineinzugehen. Die blanke Neugierde trieb sie dazu an. Sie stöberten überall im Hof herum und schauten in jeden Winkel hinein. Da fanden sie auch eine alte, verrostete Eisentür, die sich erst nach langer Mühe und mit vereinten Kräften öffnen ließ. Dahinter sahen sie einen langen, finsteren Gang.

„Wo mag der wohl hinführen?", fragten sie sich und krochen auch schon hinein, denn sonst würden sie ja nie erfahren, was sich am Ende des Tunnels befand. Nach einigen Metern stießen sie auf eine zweite Tür, welche nach heftigem Rütteln ebenfalls aufging. Da kamen sie in ein altes, aber geräumiges Gewölbe, in dem an der Wand aufgereiht ein goldenes Kegelspiel stand.

Nun riefen sie vor lauter Freude wild durcheinander und sie machten einen Lärm wie eine Schar Gänse. Jeder von ihnen packte sich goldene Kegel oder goldene Kugeln und mit ihrem Fund wollten sie wieder durch den Gang nach draußen kriechen. Doch auf einmal fingen die alten Mauern an zu krachen und zu poltern, der Boden unter ihren Füßen fing an zu knirschen und zu beben, und vor lauter Angst warfen die Buben die Kegel hinter sich und stoben hastig in den Gang hinein. Doch in der Zwischenzeit hatte es in St. Pauls schon abendgeläutet und der Ausgang war nicht mehr da. Entsetzt irrten sie in dem dunklen Gang herum, kamen aber nicht heraus und waren bis zum Betläuten in der Früh darin gefangen. Dann erst gingen die schweren Eisentüren wieder auf und sie konnten glücklich ins Freie stürzen. Hätten sie die goldenen Kegel in den Händen behalten und mitgenommen, so hätten sie ihnen gehört, nun aber war das goldene Kegelspiel für immer verschwunden und wurde nie wieder gesehen.

Der alte Weinkeller bei Salurn

Noch heute werden im Rathaus von Salurn an der Etsch zwei alte Flaschen gezeigt, von denen man sich Folgendes erzählt:

Im Jahr 1688 ging Christoph Patzeber von Sankt Michael nach Salurn; als er bei den Trümmern der alten Salurner Burg vorüberkam, wurde er neugierig und wollte sich das alte Gemäuer näher anschauen.

Als er eintrat und sich ein wenig umgesehen hatte, fand er auch gleich eine Treppe, die hinunter in den Keller führte. So komisch es klingen mag, es wirkte da unten überhaupt nicht düster, und deswegen stieg er langsam, aber ohne Angst hinab. Er gelangte zu einem ansehnlichen Keller, zu dessen beiden Seiten große Fässer lagen.

Ein gleißender Sonnenstrahl fiel durch die kleinen Mauerritzen, sodass er deutlich achtzehn große Weinfässer zählen konnte. An den vorderen fehlte weder „Hahn noch Kran", und als sich Christoph Patzeber vorwitzig umdrehte, sah er mit Verwunderung einen dunklen, roten Wein fließen, der ein unglaublich gutes Aroma verbreitete und der durch seine lange und gute Lagerung fast ölig wirkte.

Der Wein machte einen so guten Eindruck auf ihn, dass er einfach davon kosten musste. Und er wurde nicht enttäuscht, ganz im Gegenteil, ihm kam es so vor, als wenn er noch nie zuvor einen so guten Wein getrunken hätte. Gern hätte er auch für seine Frau und Kinder davon mit nach Hause genommen, aber er hatte kein Gefäß zum Einfüllen. Außerdem hatte er schon oft von den Schatzsagen gehört, in denen die Menschen es versäumt hatten, den blühenden Schatz auch mitzunehmen, nur weil sie ihn in seiner Gestalt nicht sofort als Schatz erkannt hatten. Er sann hin und her, ob er nicht vielleicht auch durch diesen Fund glücklich werden könnte. Schnell ging er also in die Stadt, kaufte sich zwei große, irdene Flaschen nebst Trichter und ging wieder zu dem alten Gemäuer zurück. Noch vor Sonnenuntergang befand er sich schon wieder in dem alten Schloss, wo er alles so wiederfand, wie er es verlassen hatte. Ohne Zeit zu verlieren, machte er sich gleich daran, seine beiden Flaschen, welche etwa zwanzig Liter fassen konnten, mit Wein zu füllen. Als er fertig war, drehte er sich um und wollte den Keller verlassen. Doch was war das?

Im Umdrehen sah er plötzlich an der Treppe mitten im Gang drei alte Männer an einem kleinen Tisch sitzen.

Vor ihnen lag eine schwarze, mit Kreide beschriebene Tafel. Der Bürger erschrak heftig und hätte gern den genommenen Wein zurückgelassen. Schnell schickte er ein Stoßgebet zum Himmel und fing dann an, die Kellerherren um Verzeihung zu bitten. Da fing einer von den dreien zu sprechen an, dieser hatte einen langen Bart, eine Ledermütze auf dem Kopf und eine schwarze Jacke an:

„Komm nur sooft du willst in den Keller und du sollst jederzeit erhalten, was dir und den Deinen vonnöten ist."

Und verschwunden war der Tisch mit den Männern, so dass Patzeber ungehindert aus dem Keller gehen konnte. Daheim angekommen, erzählte er von seinem Erlebnis und schenkte den Seinigen von dem guten Wein ein, doch seine Frau war gar nicht begeistert und wollte nicht gern davon probieren. Als sie aber sah, wie alle davon tranken und der Wein über alle Maßen gelobt wurde, begann auch sie davon zu nippen. Der Wein war von so guter Qualität, dass der mitgebrachte Vorrat nicht lange anhielt und Platzeber wieder in den Keller ging, um neuen zu holen, und so taten sie es von nun an immer.

Einmal aber besuchten ihn drei Nachbarn, denen er ebenfalls den Wein kredenzte und die ihn so trefflich fanden, dass sie Verdacht schöpften und argwöhnten, er sei auf unrechtem Wege in dieses Haus gekommen. Da sie ihm sowieso feindlich gesinnt waren, gingen sie ins Rathaus und verklagten ihn. Platzeber musste nun erscheinen und berichten, wie er zu dem Wein gekommen war, der es Wert wäre, auf einer kaiserlichen Tafel zu stehen.

„Das war wohl mein letzter Wein, den ich aus dem alten Keller geholt habe", dachte Platzeber bei sich, „aber was bleibt mir denn anderes übrig, als die Wahrheit zu sagen?"

Der Rat wollte sich selber eine Meinung von dem Wein bilden und Platzeber musste die Mitglieder davon kosten lassen – einstimmig befanden sie, dass dergleichen im ganzen Land nirgends anzutreffen wäre. So mussten sie ihn nach abgelegtem Eid nach Hause gehen lassen, trugen ihm aber auf, mit seinen Flaschen nochmals von dem Wein zu holen. So tat er, doch fand er weder Treppe noch Keller. Mit einem Mal aber wurde er von unsichtbarer Hand geschlagen, die ihn betäubte und halbtot zu Boden streckte.

Als er eine lange Zeit so lag, kam er langsam wieder zu Bewusstsein und erblickte nun den Keller tief unter sich. Die drei Männer saßen wieder da und „kreideten" still und schweigend bei einer hellen Lampe auf dem Tisch, als hätten sie eine wichtige Rechnung zu schließen. Zuletzt wischten sie alle Ziffern aus, zogen ein Kreuz über die ganze Tafel und stellten sie dann zur Seite.

Dann stand einer auf, öffnete drei Schlösser an einer eisernen Tür und das Geklimper von Münzen hallte herauf. Auf einer anderen Treppe kam dann dieser alte Mann herauf zu ihm, zählte ihm dreißig Taler in den Hut und ging, ohne auch nur einen Laut von sich zu geben. Sodann war nichts mehr von den Männern und dem Keller zu sehen – und die Salurner Uhr schlug aus der Ferne elf Uhr.

Platzeber kroch nun aus den Mauern heraus und sah vor sich auf der Höhe einen Leichenzug mit Lichtern vorbeiziehen. „Na, wenn das nicht mein eigenes Begräbnis ist", dachte er bei sich, traf dann aber auf Leute, die ihn nach Hause schleppten. Darauf berichtete er dem Rat den ganzen Verlauf, und die dreißig alten Taler bewiesen deutlich, dass sie ihm von keiner lebenden Hand gegeben worden waren.

Am nächsten Tag wurden acht mutige Männer zur alten Salurner Burg geschickt, doch sie fanden weder einen Weinkeller noch Weinfässer. Einzig in einer Ecke der Ruine fanden sie die beiden irdenen Flaschen liegen, die sie zum Beweis mitbrachten.

Der Patzeber aber starb zehn Tage darauf – er musste die Weinzeche mit seinem Leben bezahlen. Das große, mit Kreide geschriebene Kreuz hatte vielleicht die Anzahl der zehn Tage bedeutet.

Der Schlossgeist auf Zwingenstein

Ein Graf reiste vor langer Zeit durch Tirol und machte auf den schönsten Schlössern und Burgen des Landes Station. So kam er auch zum Schloss Zwingenstein am Ritten, das später im Jahr 1276 zerstört wurde und von dem heute nur noch wenige Mauerreste erhalten sind. Dort lernte er die schöne und liebreizende Tochter des Burgherrn kennen und schon nach kurzer Zeit verlobten sich die beiden.

Doch die Hochzeit wurde länger hinausgeschoben, als der Verlobten lieb war, denn der Graf kam nach seinem Fortgang nicht zurück – ja, zuletzt hörte sie von ihm gar nichts mehr. Wohl schrieb sie ihm Briefe und weinte oft Tag und Nacht, aber alles war vergebens.

Der Graf seinerseits wunderte sich auch über das lange Ausbleiben von Nachrichten seiner Verlobten, obwohl er öfters Botschaften nach Zwingenstein gesandt hatte. Da ihm das Fräulein Treue geschworen hatte, konnte er doch nicht so ganz glauben, dass es ihn vergessen und das Wort gebrochen hatte. Darum wollte er es auf die Probe stellen.

Er reiste über einen langen Umweg nach Zwingenstein und bat, als Pilger verkleidet, am Burgtor um Einlass. Zuerst gab man ihm in der Stube des Torwartes zu essen und zu trinken, auf seine ausdrückliche Bitte führte man ihn zum Burgfräulein hinauf. Dort erzählte er ausschweifend, wie er im Heiligen Land gewesen und wie der Graf, der ihr Verlobter war, im Kampf gefallen sei. Sterbend habe er ihm den Auftrag gegeben, dem Fräulein seinen letzten Gruß zu überbringen und auszurichten, dass er bis zum letzten Atemzug an seine Verlobte gedacht habe.

Bei diesen Worten erfasste das Burgfräulein die Verzweiflung. Sie sprang von ihrem Stuhl auf und stürzte sich aus dem Fenster in die Tiefe hinab. Sie wurde dort, wo man ihren völlig zerschmetterten Leichnam auffand, auch begraben. Seit dieser Zeit muss sie oben im Schloss und dessen Umgebung als Geist ohne Kopf umgehen. Der Dornacherbauer hat den Geist oft schon an jenem Abhang der Burg gesehen, über den sie sich hinabgestürzt hat.

Das Totengerippe von Hauenstein

Etwa eine Stunde Fußmarsch von Seis entfernt, steht auf einem riesigen, an den Bergabhang angelehnten Felsblock die Ruine Hauenstein, der einstige Sitz des Dichters und Sängers Oswald von Wolkenstein. In manchen Nächten soll man hier zur Geisterstunde schöne Melodien eines Saiteninstruments und den Trauergesang einer Rittersfrau hören, die da oben verzaubert sein soll.

An einem lauen Sommerabend hüteten die Hirten noch spät um das Schloss herum ihre Schafe. Sie saßen am Zugang zur Ruine und erzählten sich allerlei Geschichten aus der Umgebung. Auf einmal hörten sie ein Knarren und Quietschen über sich, und wie sie hinaufschauten, da sahen sie in der Fensteröffnung einen Kerzenschimmer und daneben eine Frau sitzen, die ihr langes Haar kämmte. Die Szene wirkte unglaublich reizvoll auf die jungen Hirten, und wie sie gebannt zu der Frau hinaufschauten, erkannten sie, dass das Haupt der Frau ein Totenkopf war. Sie erschraken heftig und gruselten wegen dieses Totenkopfs, an dem lange, schöne Haare wuchsen. Nun aber fing das Gerippe an, Sand und Steine auf die Hirten zu werfen, und diese nahmen natürlich gern Reißaus und liefen entsetzt davon.

Die Leute erzählen sich, dass dieses Totengerippe die Frau eines verbannten Ritters sei und so lange im Schloss umgehen müsse, bis ihr Gemahl zurückkehrt.

Andere meinen zu wissen, dass hier ein Ritter einst seine schöne junge Frau mit ihrer Magd in den Turm gesperrt habe, damit sie nicht fremdgehen könne, während er zum Kämpfen ins Heilige Land zog. Zwar füllte er den Wohnturm voll mit Lebensmitteln, doch reichten diese bis zu seiner Rückkehr nicht aus. Als er zu seiner Burg kam, fand er nur noch drei Leichen vor; die Magd lag verhungert im Hof und seine tote Frau lehnte am Fenster mit einem verhungerten Baby an der Brust. Vor Schreck und Gram fiel der Ritter selber auf der Stelle tot um.

Der Spuk im Schweinestall

Auf der Seiser Alm „kaserte" vor langer Zeit eine Bäuerin, die überaus böswillig und gehässig war und keinem Menschen etwas Gutes tat. Der Storch musste sich da offenkundig geirrt haben, als er ihr ein Baby einlegte.

„Was soll ich mit dem Fratzen anfangen?", sagte sie. „Er hält mich untertags von der Arbeit ab und stört mich in der Nacht beim Schlafen. Hätte er ihn lieber der Nachbarin gebracht!"

Und zornig, wie sie immer war, warf sie das Kind dem Schwein vor, welches den Säugling mit Haut und Haaren auffraß. Seit diesem Vorfall war es im Schweinestall nicht mehr geheuer. Untertags polterte es, und erst in der Nacht, da konnte niemand mehr in der Hütte schlafen.

Aber es kam noch schlimmer. Jeden Tag starb Vieh auf der Alm, nur das Schwein blieb verschont und lärmte, als wäre es von der Tollwut befallen. Jetzt ging die Bäuerin in sich und fing an, den Mord zu bereuen. Sie holte einen Geistlichen herauf, der die Almhütte mit Weihwasser neu segnen sollte, aber das wollte alles nichts helfen. Da bekannte sie dem Geistlichen ihr Verbrechen.

Der Geistliche befahl ihr nun eifrig zu beten, während er über den Schweinestall kräftigen Segen sprach. Das wirkte. Schon in der folgenden Nacht wurde es im Stall ruhig. Am nächsten Morgen aber lag das Schwein tot auf dem Boden. Von nun an hörte der Spuk auf.

Der beinerne Tisch

In Völs am Schlern lebte ein übermütiges Bauernmädchen in Saus und Braus. Sein Vater las ihm jeden Wunsch von den Augen ab und alles, was es sich wünschte, wurde ihm erfüllt. Der Vater war so über alle Maßen stolz auf seine schöne Tochter, dass er alles tat, was sie von ihm verlangte.

Die reichsten und angesehensten Männer warben um ihre Gunst, und ein feuchtfröhliches Fest folgte dem anderen. Doch war der Tochter, die eh schon alles hatte, keiner der Herren reich und hoch genug.

Zuletzt begehrte sie von ihrem Vater sogar einen beinernen Tisch, dieser musste aus schönstem Elfenbein sein, denn in Zukunft wollte sie nur noch von einem solch edlen Möbelstück essen. Der Tisch wurde angeschafft, und das fröhliche Leben ging flott weiter – aber nicht mehr lange. Der Vater starb, und die „Goldvögel" flogen nach Ungnaden aus und kehrten nicht wieder. Und wie's so geht, selbst das größte Fass wird einmal leer, wenn man immer nur daraus schöpft, und der Hof geriet in die „Gant", wie man auch zur Versteigerung sagt. Das Mädchen war das Arbeiten nicht gewöhnt und konnte daher auch nichts, es musste von nun an betteln gehen und bekam noch dazu eine ekelerregende Krankheit am ganzen Leib.

Da war es einmal so weit, dass die Arme vor dem Haus eines reichen Bauern nach einer entbehrungsreichen Zeit um eine warme Suppe bettelte. Weil man aber so ein abstoßendes Wesen nicht ins Haus lassen wollte, reichte ihr die Bäuerin die Suppe draußen vor dem Hof. Und die junge Frau setzte sich auf die Bank vor der Haustür und stellte die Schüssel auf ihre Knie.

„Jetzt habe ich wohl meinen beinernen Tisch!", soll sie weinend geschluchzt haben, und die Tränen perlten ihr in die Suppe.

König Laurin und sein Rosengarten

Dem Rosengarten, einem Bergmassiv in den Südtiroler Dolomiten, sagt man nach, dass dort ein besonders schönes Alpenglühen zu beobachten ist. Die Abendsonne taucht diese schroffen Bergspitzen östlich von Bozen zwischen dem Tierser Tal und dem Fassatal in ein prächtiges rotes Licht.

Dort, wo heute nur noch graue und blanke Felsen zu sehen sind, stand früher einmal der prächtige Rosengarten von König Laurin , der sich durch besondere Schlauheit auszeichnete.

König Laurin hatte hier im Berg seinen Kristallpalast und herrschte über ein großes Zwergenvolk, das eifrig dabei war, wertvolle Edelsteine aus dem Berg zu klopfen. Sein ganzer Stolz war aber sein großer Garten mit den unzähligen edlen Rosen, die so wundervoll blühten und dufteten und direkt vor dem Eingang seines Palastes standen. Um seinen geliebten Rosengarten zu schützen, hatte er keinen Zaun bauen lassen, sondern einen magischen Seidenfaden rundherum gespannt. Wer sich nun in diesem Seidenfaden verwickelte, dem schlug er die linke Hand und den rechten Fuß ab.

Als König der Zwerge war Laurin zwar selber auch ein Zwerg, doch war er sehr schlau und besaß noch dazu einen Zaubergürtel, der ihm die Kraft und Stärke von zwölf Männern verlieh, und eine geheimnisumwobene Tarn- und Nebelkappe, die ihn unsichtbar werden ließ, wenn er sie aufsetzte. So lebte König Laurin glücklich und zufrieden in seinem Reich; erst als er von einer schönen Prinzessin hörte, die verheiratet werden sollte, merkte er, dass ihm noch etwas in seinem Leben fehlte, nämlich eine Braut.

Er hörte, dass der König an der Etsch einen passenden Bräutigam für seine Tochter suchte und alle Interessenten zu einer Maifahrt eingeladen hatte; da freute er sich und beschloss dieser Einladung zu folgen und ebenfalls um die schöne Similde zu werben. Aber die Tage vergingen, ohne dass ein Bote des Königs an der Etsch zu Laurin kam, um auch ihm die Einladung zu der großen Maifahrt zu überbringen. Nun musste sich Laurin damit abfinden, dass er nicht zu den gewünschten Herren gehörte, die als zukünftiger Schwiegersohn in Erwägung gezogen wurden. Natürlich war er gekränkt und sah die Ursache darin, dass er eben ein „kleiner Zwerg" war. Dennoch wollte er an dieser Maifahrt teilnehmen, aber eben im Geheimen, versteckt unter seiner Tarnkappe.

Auf einer großen Wiese vor dem Schloss des Königs an der Etsch wurden die Vorbereitungen für die Kampfspiele getroffen, die ganze sieben Tage dauern sollten. Wer sich auf diesem Turnier am besten im Fechten und Reiten bewährte und somit als Sieger hervorgehen würde, der sollte die Prinzessin Similde als Maibraut erhalten.

Die Spiele waren im vollen Gange, und am letzten Tag waren nur mehr zwei Recken übrig geblieben, die sich um die Hand der Königstochter bewarben. Der eine war Hartwig, mit einer Lilie in seinem Schild, der andere Wittich, der eine Schlange als Wappentier hatte.

Der letzte Kampf zwischen den beiden schien gar nicht enden zu wollen, es war schon später Nachmittag und die Sonne war kurz vor dem Untergehen; da hörte man von der Tribüne her einen riesigen Aufschrei und Tumult breitete sich aus. Da so viele Menschen durcheinanderriefen, verstand man in den ersten Augenblicken nicht, was eigentlich passiert war, erst nach und nach drang die Nachricht durch, dass Similde verschwunden, ja, wohl eher geraubt worden war!

In diesem Moment war König Laurin mit der Königstochter schon längst auf und davon. Seine Tarnkappe bot so viel Platz, dass er sie auch über Similde und sein Pferd ausbreiten konnte. Daher konnten sie von niemandem gesehen werden, und die Verfolger würden nicht wissen, wer die Braut geraubt und wohin er sie gebracht hatte; so dachte es sich wenigstens König Laurin. Er hatte die ganze Zeit den Turnierkämpfen zugeschaut und sich dabei unsterblich in die schöne Königstochter verliebt. Da er wusste, dass er die anmutige Similde niemals freiwillig von ihrem Vater zur Frau bekommen würde, entschied er sich zu dem Raub, während die zwei letzten Kontrahenten noch im Turnier waren und noch nicht über den künftigen Ehemann entschieden war.

Hartwig und Wittich, die ehemaligen Gegner, zogen nun gemeinsam aus, um die entführte Similde aus den Händen König Laurins zu befreien, denn nur dieser konnte Similde geraubt haben, das wusste man sofort. Da König Laurin aber magische Waffen besaß und viele tausend Zwerge bereit waren, für ihren König zu kämpfen, baten sie den berühmten Fürsten Dietrich von Bern um seine Hilfe. Dieser war natürlich bereit, bei der Befreiung der Prinzessin zu helfen, auch wenn er von seinem alten Waffenmeister Hildebrand vor den geheimnisvollen Kräften des Zwergenkönigs gewarnt wurde.

So machten sich die tapferen Männer vereint auf den Weg zum Bergpalast König Laurins. Dietrich von Bern kam mit Hildebrand aus Verona angereist, Hartwig und Wittich wollten ebenfalls die Prinzessin befreien, und dann schlossen sich ihnen noch Wolfhart und andere tapfere Recken an.

Als sie endlich vor dem herrlichen Rosengarten des Königs Laurin ankamen, staunten sie über die Schönheit und Blütenpracht und waren besonders vorsichtig, um den zarten Seidenfaden nicht zu zerreißen. Sie wollten den König aus seinem Palast herausrufen, doch Wittich sprang vor Ungeduld vorwärts und zerriss den Seidenfaden, wobei noch dazu einige Rosen zertreten wurden.

Da kam auch schon König Laurin auf seinem Schimmelpferdchen daher, das die Größe eines Ziegenbocks hatte. Auf dem Kopf trug er eine kleine, goldene Krone und ein glänzendes Schwert hielt er erhoben in der Rechten, um Wittich seine Hand und seinen Fuß als verdiente Strafe abzuschlagen.

„Du willst meinen Fuß, du Zwerg? Komm nur her, dann nehm' ich dich bei den Füßen und werfe dich an die Felswand!", konterte Wittich.

Laurin aber trug den Zwölfmännergürtel, und ehe Wittich verstand, wie ihm geschah, war er auch schon von ihm überwältigt worden. Der Zwerg hob sein Schwert und wollte die geforderten Gliedmaßen abschlagen, da ging Dietrich von Bern dazwischen. Nun kämpfte der Zwergenkönig gegen den berühmten Helden aus Bern, dem heutigen Verona. Laurin war jedoch durch die Macht seines Zaubergürtels so stark wie zwölf Männer, und beide lieferten sich einen ernsten Schwertkampf. So sehr sich Dietrich auch anstrengte, er schaffte es nicht den kleinen König zu überwinden, und die restlichen Männer waren stark beeindruckt davon. Da aber auch Dietrich nicht schwächer wurde, setzte sich König Laurin mit einem Mal seine Tarnkappe auf, sodass er von seinem Gegner nicht mehr gesehen werden konnte. Nun bekam Dietrich einen Schwerthieb nach dem anderen ab und konnte selber nur mehr blindlings um sich schlagen. Hildebrand, sein alter Waffenmeister, rief ihm zu:

„Zerreiß ihm den Gürtel!"

Dies war jedoch nicht möglich, denn er konnte ja weder seinen Gegner noch dessen Gürtel sehen. Nun kam Hildebrand der rettende Gedanke:

„Schau auf das Gras, seine Spuren kannst du trotzdem sehen!"

Und im gleichen Augenblick sprang Dietrich auf Laurin zu, packte ihn um die Mitte und zerriss ihm den Gürtel. Dieser fiel zu Boden und Hildebrand nahm ihn schnell an sich. Jetzt kämpfte Dietrich nur mehr gegen einen Zwerg und hatte diesen kurz darauf besiegt und ihm alle seine Waffen abgenommen. Die Untertanen König Laurins begannen zu heulen und zu schluchzen, als sie ihren König in der Gewalt von Dietrich sahen.

Die Männer hatten noch nicht die Möglichkeit gehabt, richtig Luft zu holen, da öffnete sich im Felsen ein Tor, das vorher niemand bemerkt hatte. Similde trat heraus und mit ihr eine Schar von Dienerinnen; sie bedankte sich bei den Helden für ihre Rettung, setzte sich aber auch für ihren Entführer ein, da er sie immer gut und wie eine Königin behandelt hatte. Darum sollte nun genug gekämpft sein und die ehemaligen Gegner sollten Frieden und Freundschaft schließen.

So reichte Dietrich dem Laurin die Hand als Friedenszeichen, und Laurin lud die Recken in seinen Kristallpalast ein, wo sie die großen Schätze des Zwergenkönigs zu sehen bekamen. Auch wurde eine große Tafel für die Besucher hergerichtet, und die besten Köstlichkeiten wurden aufgetischt. Dazu wurde gesungen und gespielt, und als sie so einige Stunden verbracht hatten, wurden sie plötzlich von den Zwergen überfallen, in Ketten gelegt, in ein Verlies geschleppt und dort eingeschlossen.

Über diesen Verrat und listigen Hinterhalt wurden die Ritter dermaßen wütend, dass Dietrich seine Kräfte verdoppeln und seine Ketten zerreißen konnte. Daraufhin brachen sie die Türen ihres Gefängnisses auf, überwanden die anstürmenden Zwerge und nahmen endlich König Laurin gefangen.

Hartwig, der Ritter mit der Lilie im Wappen, führte Similde aus dem Kritallpalast und ritt mit ihr auf seinem Ross zur Burg ihres Vaters im Etschtal. Dessen Freude, als er seine Tochter Hand in Hand mit dem tapferen Ritter sah, war so groß, dass er beide spontan miteinander verheiratete.

Dietrich und seine Gefährten ritten gemeinsam wieder nach Verona zurück, in ihrem Gefolge hatten sie auch einen Gefangenen – es war der heimtückische Zwergenkönig, der sein Friedenswort gebrochen hatte und nun ins Verlies von Verona kam. Als Laurin aber seinen Palast im Berg verlassen musste und an seinem Rosengarten vorbeikam, verfluchte er seine Rosen:

„Und ihr Rosen habt mich verraten. Denn wenn ihr nicht gewesen wärt, dann hätten mich die Recken nie im Berg gefunden – und dafür nun sollt ihr von niemandem mehr gesehen werden, weder bei Tag noch bei Nacht!"

Doch Laurin hatte vergessen, dass es zwischen Tag und Nacht eine weitere Tageszeit gibt – die Dämmerung. Und noch heute kann man in glücklichen Minuten die Pracht des Rosengartens in der Dämmerung sehen, wenn der ganze Berg in seinem Rosenschimmer erstrahlt und so die Erinnerung an König Laurin wachhält.

Auch in Meran gibt es einen Rosengarten, der von König Laurin gepflegt wurde. Dieser Rosengarten lag da, wo heute der Kothlerhof steht und wo sich einst König Laurin im „hohlen Berge" aufhielt. Der Garten war aber für die Menschen unsichtbar; dafür sorgte ein seidener oder goldener Faden, der vom Zwergenkönig rundherum gezogen worden war. Die Rosen seines Gartens dufteten so betörend, dass Kranke wieder gesund und Betrübte getröstet wurden, wenn sie nur in die Nähe des Rosengartens mit seinen Nachtigallen kamen.

Von der Pachlerzottl

Die Pachlerzottl war im Sarntal als Hexe verschrien und wurde 1540 als solche verurteilt und auf dem Scheiterhaufen verbrannt. Barbara Pächlerin war Bäuerin in Sarnthein und stammte aus Villanders. Soviel zur historischen Vergangenheit, in den Erzählungen um ihre Hexenkünste ist sie bis heute nicht vergessen.

Die Pachlerzottl, erzählt man sich im Sarntal, konnte sich sogar in einen Wolf verwandeln – das machte natürlich nur Sinn, weil es zu ihrer Zeit noch Wölfe gab. Als solches Raubtier stahl sie den anderen Bauern dann öfters mal ein Schaf. Sie war als Wolf natürlich viel schneller als der Schäfer, aber der hetzte ihr den Hund nach, den er mit den Worten ermutigte:

„Puk, des ist lei die Pachlerzottl – schnapp sie dir!"

Da ging der Hund wohl auf sie los, doch sie sagte nur ganz gelassen zum Schäfer:

„Bübl, du musst mir das Schafl wohl gönnen und lassen."

In der Zeit der Pachlerzottl wusste man, dass es mit der Körperpflege seine eigene Bewandtnis hatte. Denn wer sich in der Früh nicht wäscht, der kann Sachen sehen, die eben die anderen nicht sehen können, doch dafür wollen ihm die Hexen und Geister an den Kragen. So ging auch ein Melker frühmorgens ungewaschen in den Stall und molk die Geiß. Da fiel ihm ein, dass er sich nicht einmal die Hände gewaschen hatte, und zugleich sah er oben die Pachlerzottl über den Hof gehen. Da eilte er rasch in die Milchkammer hinunter und wusch sich, aber schon stand sie bei ihm und sprach:

„Zeit hast gehabt, sonst hätt' ich dir geholfen."

In Windlahn in Sarnthein ist die Pachlerzottl zu einer Bäuerin gegangen und hat um Schmalz „gelottert". Die Bäuerin war aber beim „Kübelschlagen", wie man auch zum Buttern sagt, und erklärte ihr, dass sie leider selber kein Schmalz hätte. Ja, aber sie wolle doch nur das „Fetzle", das sie da im Kübel schlug, haben, erwiderte die Pachlerzottl trotzig, aber die Bäuerin blieb dabei, dass sie selber keine Butter habe. Da drehte sich die Pachlerzottl um und meinte, dass es eh gleich sei, denn sie habe das „Schmalzknüllele" sowieso die ganze Zeit schon in ihrem Sack. Als die Bäuerin den Kübel öffnete und hineinschaute, da war die kleine Butterkugel wirklich nicht mehr da.

Bei einer anderen Bäuerin kam sie gerade einmal zur rechten Zeiten, als diese beim Krapfenbacken war. Da fragte die Pachlerzottl sie, ob sie ihr wohl zeigen sollte, dass sie aus den Krapfen Mäuse machen konnte. Und die Bäuerin sagte leichtfertig „ja". Da waren aus den Krapfen wirklich Mäuse geworden.

„Soll ich sie auch springen machen?", fragte die Hexe grinsend weiter, da verneinte die Bäuerin ärgerlich.

Einmal hatte ein Soldat Urlaub vom Militär und kehrte bei der Pachlerzottl in Windlahn ein. Er bat um etwas zu essen, denn er hatte großen Hunger. Und sie brachte ihm flink eine Fleischspeise und eine Suppe. Der Soldat fing sogleich mit dem Fleisch an, verzog aber das Gesicht, schob den Teller zurück und meinte, dass ihm das Fleisch nicht schmecke.

„Das glaube ich gerne", lachte die Pachlerzottl, „denn der Ochs, von dem das Fleisch ist, steht dort drüben auf dem Feld und tut pflügen. Schau hinüber, wie er sich harttut!"

Da war dem Soldaten der Hunger vergangen und er ging zum Bauern aufs Feld und sagte ihm, dass er den Ochsen ausspannen und ihm die Pflugkette abnehmen solle, denn an dem Ochsen sei nicht mehr alles dran. Als sie das taten, sahen sie, dass dem Ochsen hinten ein Huf fehlte. Mit der abgenommenen Kette schlug er nun den Ochsen, doch der machte keinen Mucks und fiel um. Der Soldat, der sich ein wenig auskannte, riet dem Bauern nun, dem Ochsen ein wenig „Paterpulver" zu geben, damit er wieder gesund werde. Er selber ging aber zur Pachlerzottl und fand sie in einer Lache Blut am Boden liegen. Da wussten sie, dass die Pachlerzottl eine Hexe war und auf den Scheiterhaufen gehörte.

Natürlich verstand die Pachlerzottl auch das Wettermachen und richtete mit ihren Unwettern oft große Schäden an. Einmal wurde aber zur rechten Zeit Wetter geläutet, da stürzte sie vom Turm herunter, und wie sie so am Boden lag, konnte jeder sehen, dass sie die „Nas voll Kräuteln" hatte.

Mit dem Gstrahlschneider kamen die Pachlerzottl und die Pemmerer Hexe oft zusammen, dieser war ein Hexenmeister und ranghöher als die zwei Frauen. Oft nahmen sie ihre kleinen Stühle – und nicht ihre Besenstiele, wie es irrtümlich oft berichtet wird –, und schmierten sie mit einer geheimen Hexensalbe ein. Dann setzten sie sich darauf und flogen auf den Schlern zu den großen Hexenzusammenkünften. Einmal waren so viele Hexen versammelt, dass von den 77 Saum oder 12 Tonnen Nüssen, die ausgeteilt wurden, nur jede Hexe sieben Nüsse bekam.

Gern tanzten die Hexen auch auf der Ottenbachbrücke im Sarntal, und dabei durfte natürlich auch die Pachlerzottl nicht fehlen. Ein Fuhrmann, ein „Tschanderer", hörte einmal schon von weitem die Tanzmusik und dachte bei sich:

„Da oben geht's nicht letz zu!"

Wie er dann mit seinem Fuhrwerk über die Brücke fuhr, gingen die Hexen alle schön zur Seite. Auch ein Mann war darunter, der spielte für sie mit der Ziehorgel auf und seine Füße standen bis zu den Knien in Flammen.

Auf dieser Brücke wurde die Pachlerzottl dann auch als Hexe verbrannt, das war aber gar nicht so leicht, weil sie schon öfters entwischt war. Einmal hatten die Häscher die Pachlerzottl sogar schon erwischt, da hielten sie plötzlich nur mehr eine Strohpuppe in der Hand.

Eigentlich wollten sie die Pachlerzottl ja hängen, aber meistens gelang es ihr, mit Erde in Berührung zu kommen und dadurch konnte sie ihnen jedes Mal wieder entwischen. Auch wurde sie einmal in einem Waschzuber gefangen und ein anderes Mal in einem großen Weinfass, nur damit sie ja nicht mit der Erde in Berührung käme. Als die Hexe dann in einen kupfernen Kessel gesteckt wurde, da konnte sie nicht mehr entkommen. Nun begannen sie ein großes Feuer unter dem Kessel zu schüren, doch das siedende Wasser schien der Hexe nichts auszumachen, ganz im Gegenteil, sie sagte ihnen lachend, dass sie zu kalt habe und forderte die Kinder auf, sie doch mit Dreck und Steinen zu bewerfen. Das tat natürlich keiner, und später dann jammerte sie, wenn sie nur so viel Erde gehabt hätte, wie die Bauern unter den Nägeln haben, dann hätte sie sich retten können. Schließlich kam ein Pater und leerte sein „Paterpulverle" in den Kessel, da wurde dieser glühend heiß und mit einem Mal fiel die Hexe in sich zusammen.

Die Schlernhexe

Auf dem Schlern lebte eine Hexe, welche die stärkste Wetterhexe von allen Hexen war und daher von allen Bauern gefürchtet wurde.

Einmal sah ein Zwerglein vom Rosengarten drüben, wie in der Nacht eine eigenartige Wolke am Ritten oben hin- und herschwebte. In der nächsten Nacht war sie wieder da und in den folgenden Nächten ebenfalls.

„Das ist nichts Rechtes", dachte es bei sich, und beobachtete die Wolke nun unaufhörlich und plötzlich sah es, wie eine Hexe auf ihrem Besen sich in der Wolke versteckte. Nun machte sich der Zwerg auf den Weg hinunter bis nach Blumau und ging auf der anderen Talseite bei Unterinn wieder hinauf. Da begegneten ihm mehrere Buben im Volksschulalter mit kleinen Eimern, „Zürnen" genannt. In diesen trugen sie Wasser leise, still und heimlich den Berg hinauf. Der Zwerg sprach die Kinder an, doch diese machten weiter ihre Arbeit, als ob sie ihn nicht sehen würden.

So folgte er ihnen der Zwerg einfach, und wie sie schon ein Stück über dem Ritten waren, da schütteten sie das Wasser in einen großen Teich. Gleich danach marschierten die Buben wieder abwärts, um neues Wasser zu holen.

Mit einem Mal verbreitete sich ein teuflischer Gestank nach Schwefel und Aas, und da kamen sie alle daher – die großen und bekannten Hexen der Gegend. Die Donnerer- und die Pemmerer Hex' – er erkannte sie sofort –, und die Mitterstiller Hexe hatte die Leitung übernommen. Erst tanzten sie miteinander und beratschlagten dann darüber, wie sie etwas am besten machen wollten.

„Der See ist bald voll, dann können wir beginnen – ich lass' den See aus und die Schlernhex muss mit dem Wetter kommen. Es muss ein wirklich wildes Unwetter werden, du musst es hageln lassen und danach einen ganz furchtbaren Regen herunterlassen, dann werden sie alle hinuntergeschwenzt".

„Ausgemacht, wenn uns nur der Sau-Mesner unten nicht noch einen Hund hineinmacht und mit der Großen anhebt die Wetterstroach zu läuten ..."

Nun hatte das Zwerglein genug gehört und lief schnell zum Mesner nach Unterinn, der gerade beim Betläuten war. Dem erzählte er, was er alles gesehen und gehört hatte oben beim Mitterstiller Weiher.

„Wenn du also zu Mittag am Schlern ein kleines Wölkchen umherziehen siehst, dann musst du geschwind anfangen, die ‚Wetterstroach' zu läuten", waren seine mahnenden Schlussworte.

Und genau so kam es auch – Punkt zwölf Uhr mittags fuhr ein kleines, weißes Wölkchen über Unterinn in die Luft und wurde dann immer schwärzer und schwärzer. Der Mesner hielt sich an die Warnung und fing wirklich an, „Wetter zu läuten"; da meinten die Menschen, der sei wohl „narrisch" geworden, am ganzen Himmel waren ja keine Wetterwolken zu sehen. Sie wollten ihn fast schon vom Glockenstrang reißen, aber der Mesner ließ sich nicht beirren.

Als dann aber das Gewitter anfing, da waren die großen Redner plötzlich still. Denn vom Himmel fielen keine Hagelkörner, sondern wahre „Schauersteine" in der Größe von Hühnereiern. Durch das Wetterläuten aber hatte es die Mitterstiller Hexe auf die Glocke hinaufgerissen und sie konnten ihre geplante Verwüstung nicht weiter fortsetzen. Es wurden zwar eine Hütte zerstört und viel Grund weggeschwemmt, die Ernte hatte es „verschauert", aber kein Menschenleben war zu beklagen – und sonst ist nichts gewesen.

Als wieder einmal eine Wetterwolke über dem Schlern aufzog, nahm ein Bauer seine Flinte, lud sie mit geweihten Kugeln, besprengte sie mit Weihwasser und machte ein Kreuz darüber. Sogleich schoss er mitten in die schwarze Wolke hinein und hörte eine Hexe furchtbar schreien und winseln, und dieses Geheule kam immer näher von oben herab. Nach einem großen, lauten Aufprall sah er sie dann direkt zu seinen Füßen – tot. Die Hexe lag in fürchterlichen Verrenkungen vor ihm, gesplitterte Knochen schauten heraus, Blut sickerte in den Boden und da ihre Seite aufgeschlitzt worden war, schauten auch die Gedärme heraus.

Entsetzt wandte sich der Bauer ab und wusste nicht, was er mit sich anfangen sollte. Vier Tage lang lief er verwirrt und blass über seinen Hof und war zu nichts zu gebrauchen. Nachdem er Tag und Nacht keine Ruhe gefunden hatte, ging er endlich nach Afing hinunter zum Herrn Kurat und erzählte ihm die Sache mit der Wetterhexe. Der Kurat war ein gescheiter Mann und sprach dem Hexenschützen Mut zu, und bald war der Bauer wieder der Alte.

Hexentanz auf dem Rosswangen

Viel wird in der Rittner Gegend davon erzählt, dass die Hexen sich auf dem Rosswangen mit dem Teufel treffen und hier ihre bekannten Trinkgelage feiern und Unzucht treiben. Ein Knecht aus Siffian hatte viel davon gehört, und auch wenn er sonst ein hochanständiger Kerl war, wollte er sich dieses Treiben doch einmal selber anschauen. An einem Donnerstagabend im Sommer stieg er also wirklich den Berg hinauf auf den Rosswangen, und so stand er da oben und wartete. Irgendwann wurde ihm das Warten aber leid und er setzte sich auf einen markanten Stein, der ihn irgendwie faszinierte. Der Knecht konnte ja nicht wissen, dass dies der Stein war, auf dem nur der Satan selber saß. Wie er nun in der lauschigen Sommernacht wartete, da kamen ihm allerlei komische Gedanken und er fragte sich, ob er nicht auch mit der Hilfe des Teufels reich werden könnte. Da nichts weiter geschah, wurde er langsam müde und schlief auf seinem Steinthron ein.

Als es aber auf der Turmuhr von Gißmann zwölf Uhr Mitternacht schlug, da zog dichter Nebel vom Tal herauf und ein unheimliches Leuchten fuhr durch die Wolken. Nun blies auch schon der Leibtrompeter des Satans den Generalmarsch, und der Knecht war mit einem Schlag putzmunter. Nun sah er, wie sich die Hexenbagage langsam „zum Taiding", zu ihrer Versammlung, einfand. Die Vorhut bildeten die kleinen Hexen, die noch jung und unerfahren waren, fast lauter blutjunge Dinger waren's, darunter manch gut bekanntes Gesicht.

Die Vordersten kamen auf schwarzen Rössern geritten, aus deren Nüstern feuriger Dampf hervorzischte. Dahinter galoppierte die Pachlerin aus dem Sarntal auf einem halben Schwein heran, und rechts und links von ihr tummelten sich die Pemmerer Hexe und die Meltererin aus Gasters auf ihren feurigen Besen. Die Pemmerer Hexe war, wie allgemein bekannt, wegen ihres kecken Wesens des Satans Lieblingshexe.

Hinter ihnen konnte er den Schwarzhartner auf einem leichtfüßigen Hirsch mit ellenlangem Geweih erkennen. Nun schoss die Frau Amtmännin aus Lengmoos auf einem grauenhaften, schlangenähnlichen Wurm daher, in ihrer Rechten hielt sie einen seltsam gewundenen Knotenstock, der darauf hinwies, dass die vornehme Frau eine höhere Stellung in des Satans Gefolge einnahm.

Von hinten her drängten immer weitere Hexen und Hexer heran, dem Knecht kam der Zug schier endlos vor. Die vorderen stiegen langsam von ihren seltsamen Reittieren ab und sammelten sich um den Stein und den

Siffianer Knecht und schauten den fremden Gast mit höllischem Grinsen an.

Immer mehr und mehr Mitglieder dieser teuflischen Bande reihten sich um ihn herum und als sich der Kreis langsam zu schließen begann, sprang er schließlich auf und durch das Loch hindurch, das im Hexenkreis noch offenstand. Er rannte nun so schnell er konnte den Berg hinunter, als wäre der Weg zwischen dem Rosswangen und Siffian nur einige hundert Meter entfernt. Das Reichwerden aber hatte er sich aus dem Kopf geschlagen.

Der Schlangenbanner auf der Seiser Alm

Die Seiser Alm in den Südtiroler Dolomiten ist die größte Hochalm Europas und wird im Südwesten vom Schlern, dem Wahrzeichen Südtirols, abgegrenzt. Im Sommer gleicht das Hochplateau einem gigantischen Blumenteppich, im Winter ist es eine sonnenüberflutete Schneelandschaft. Kaum woanders lässt sich die Vielfalt des Hochgebirges auf ebenen Wegen in so eindrucksvoller Weise erleben, und Sagen erzählen von der Nähe des Menschen zur Natur.

Auf der Seiser Alm gab es vor vielen Jahren zahlreiche giftige Schlangen, welche den Bauern das Leben schwermachten und großen Schaden anrichteten, da sie auch das Vieh traktierten. Eines Tages, als ungewöhnlich viel Vieh gebissen worden war, kam ein kleines, mageres Männlein zu einem Senn und erkundigte sich, wie es denn heuer mit der Plage stehe. Da der Senn sich sehr darüber zu beklagen wusste, gab ihm das Männlein ein Buch und folgende Anweisung:

Er sollte ein großes Feuer machen und darum einen großen Kreis aus geweihten Sachen bilden. Dann sollte er sich selber in den Kreis hineinstellen und laut aus dem Buch lesen. Er werde dabei fürchterliche Dinge sehen und hören, doch dürfe er sich nicht dabei fürchten und den Kreis auf keinen Falle verlassen, denn sonst sei es aus mit seinem Leben.

Nachdem das Männlein seine Anordnungen gegeben hatte, verschwand es. Und der folgsame Senn tat ganz so, wie es ihm aufgetragen worden war. Er machte ein Feuer an, bildete darum einen Kreis aus geweihten Gegenständen und trat schließlich selbst in diesen Kreis hinein, wo er laut zu lesen begann. Da kam eine Schlange nach der andern aus ihrem Versteck, ja, der gesamte Almboden schien von dem Gewürm bedeckt zu sein. Die Schlangen – ob Nattern, Vipern oder Beißwürmer – zogen zischend um den Kreis herum und sprangen dann ins Feuer.

Nachdem dies mehrere Stunden lang so ging, sah der Senn eine große, weiße Schlange – so eine hatte er in seinem ganzen Leben noch nicht gesehen –, und die führte sich ganz sonderbar auf. Sie schien kräftiger als normale Schlangen zu sein und schoss mehrmals in wilden Drohgebärden auf ihn zu, dass ihm ganz bange wurde. Der magische Kreis aus den geweihten Dingen bildete aber einen unsichtbaren Schutzschild und hielt die weiße Schlange davon ab ihn zu beißen. Und hätte ihm nicht das alte Männlein im Vorhinein mit dem Tode gedroht, wenn er den Kreis vorzeitig verließe, dann hätte er schon längst das Weite gesucht. Dem Senn kam es wie eine Ewigkeit und noch eine Spur länger vor, bis endlich auch die weiße Schlange sich in die Flammen stürzte und verbrannte. Die weiße Schlange war aber der Natternkönig, und seither ist die Alm von den giftigen Schlangen befreit, es wurde keine mehr auf dem gesamten Almgebiet jemals wieder gesehen.

Die Latemarpuppen

In einem ruhigen Lärchenwald unterhalb des Latemars, jener Gebirgskette, die auf der Grenze zwischen Südtirol und dem Trentino in den Dolomiten verläuft, spielten Hirtenkinder. Als sie die Abendglocken aus dem Dorf hörten, war das ihr Zeichen, das Vieh zusammenzutreiben und sich auf den Heimweg zu machen. Da begegnete ihnen ein alter Mann, der offenkundig im Grase etwas suchte. Er sagte zu den Kindern:

„Ich habe hier in der Gegend mein Messer verloren. Wenn ihr es finden solltet, gebt es mir bitte zurück."

Die Kinder gingen weiter, doch plötzlich entdeckte Ménega, die Älteste, etwas Glänzendes im Gras zwischen den Blumen liegen. Es war das Messer, das der alte Mann gesucht hatte! Die Kinder schauten sich staunend das wunderschön glitzernde Messer mit dem goldenen Griff an. Nach einer Weile sagte Ménega zu den anderen Kindern, das sie mit dem Vieh schon vorausgehen sollten, sie werde schnell zurücklaufen und dem alten Mann das Messer bringen. Weit oben, am Fuß des Latemar erst, erreichte sie den Alten und übergab ihm das Messer. Dieser war sehr erfreut über den Fund und versprach dem Mädchen, ihr das zu schenken, was sie sich wünschte. Ménega war über dieses Angebot verlegen und wünschte sich schließlich eine Puppe, da sie noch nie eine besessen hatte. Der alte Mann war einverstanden und versprach ihr und den anderen Kindern für den nächsten Tag die schönsten Puppen. Nun war es schon spät geworden, und er riet Ménega, schnell nach Hause zu eilen, denn bald sei es an der Zeit, dass die Geröllhexen auftauchen würden.

Und wirklich – auf dem Weg ins Tal begegnete ihr an einer Brücke über einen Bach eine Frau. Ménega erschrak zuerst, doch die Frau grüßte freundlich, und so gingen die beiden ein Stück des Weges gemeinsam. Ménega erzählte ihr von ihrem Alltag mit dem Vieh, von ihren Hirtenspielen und schließlich auch von ihrer Begegnung mit dem alten Mann.

„Den Alten kenne ich", sagte die Frau, „das ist ein steinreicher Venediger, der alles hat, was man sich wünschen kann. Und er hat auch eine riesige Puppensammlung. Von diesen hat er eine billige Ausführung aus Holz mit einfach gefärbten Seidenkleidern und eine kostbare Ausführung, mit Gold und Edelsteinen geschmückt. Ich bin sicher, der alte Geizkragen wird euch morgen nur die wertlosen Stücke aus seiner Sammlung geben. Wenn er dies tut, dann rufe einfach: ‚Steinpoppen mit seidenen Fetzen, bleibt beim Latemar!', erst dann wird der Alte die kostbaren Puppen aus seiner Sammlung holen."

Die Frau zweigte dann an der nächsten Weggabelung in den dunklen Wald ab und Ménega eilte den anderen nach in Richtung ihres Hofes.

Am nächsten Tag gingen die Hirtenkinder noch früher als sonst mit dem Vieh hinauf zu den Wiesen, denn sie waren in freudiger Erwartung auf die Puppen, die ihnen der alte Mann versprochen hatte. Kaum waren sie oben auf dem Berg, da hörten sie aus der Felswand ein ohrenbetäubendes Krachen, und es öffnete sich ein riesiger Felsen wie eine Tür. Aus dem dahinterliegenden Gang kam eine fast endlose Parade von Puppen hervor, die rote, weiße und gelbe Seidenkleider trugen. Die Kinder starrten wie gebannt auf dieses Schauspiel, doch Ménega war enttäuscht, denn sie wusste ja von der Frau, dass das nur die wertlosen Puppen waren. In der Hoffnung auf die edleren Puppen rief sie, wie ihr die Alte geraten hatte, in Richtung der Felswand:

„Steinpoppen mit seidenen Fetzen,
bleibt beim Latemar!"

Da hörten sie ein Pfeifen und Sausen aus dem Berg, der Eingang in den Felsen stürzte mit unglaublichem, ohrenbetäubendem Gepolter ein, während unten aus dem Bergwald ein lautes Gelächter heraufschallte. Die Puppen wurden auf der Stelle steif und starr und verwandelten sich in Stein. Die Kinder flohen angesichts dieser gewaltigen Naturkräfte so schnell sie konnten nach Hause ins Tal.

Die versteinerten Latemarpuppen kann man bis heute sehen, und ein herrlicher Wanderweg führt heute unterhalb der „Poppekanzel" entlang der Latemargruppe, von wo aus man die versteinerten Sagengestalten erblicken kann.

Der Fremdling auf dem Weifnerhof

Auf den Weifnerhof in Afing bei Jenesien kam einst ein Knabe, der trotz schlichter und landestypischer Kleidung besonders anmutig, ja fast vornehm aussah. Er fragte den Bauern um Arbeit und der schaute sich den Jungen recht verwundert an und sagte:

„Sakra! Du bist a rarer Bursch, dein Gesicht schaut aus wie Milch und Blut, und deine Tatzen sind fein wie ‚Gitschnhänd'. Du wirst was Recht's schaffen im Stall und mit der Mistgabel!", und er fuhr lachend fort: „Höchstens die Geißen kannst du hüten, aber erst sag mir, woher du kommst, sell muss ich doch z'erst wissen."

Da antwortete ihm der hübsche Bub: „Ich bin nur mehr alleine, verstoßen ins Elend und unschuldig verfolgt."

„Nun denn, so bleibe", sprach der Bauer und der Knabe blieb und diente so treu, dass der Mann ihn von ganzem Herzen liebgewann.

So vergingen einige Jahre, und einmal ritt der Bauer nach Bozen und der Bursche führte ihm das Pferd vorbei an schlechten Wegstellen. Auf dem Rückweg war es sehr heiß und da es immer bergauf ging, wurde es dem Burschen bald zu warm und er zog die Jacke aus.

„Zieh doch dein Leibl aus", ermunterte ihn der Bauer, doch jener tat es nicht, er knöpfte es nur weiter auf. Weil aber der Bauer oben auf dem Pferd saß, da sah er plötzlich auf der Brust des Jungen eine in der Sonne glänzende, dicke Goldkette.

„Mir scheint", sprach der Bauer, „es wäre besser, ich würde vom Pferd steigen und ließe dich reiten. Was trägst du da für einen Goldklunker und woher hast du ihn?"

Der andere antwortete ihm: „Ich bin nicht der, den man mit meiner Arbeit in Verbindung bringt. Aber nun bin ich auch hier nicht mehr vor meinen Feinden sicher, die keine Ruhe geben mich zu finden und mich an diesem Abzeichen erkennen werden."

Als sie nun wieder auf dem Hof angekommen waren, nahm der hübsche Bursche traurig Abschied von dem Bauern, und der ließ ihn ebenso ungern gehen, war aber natürlich auch um dessen Wohl besorgt.

Nach vielen Jahren führten die Geschäfte den Bauern vom Weifnerhof nach Verona, und da sah er einen Zug ritterlicher Fürsten und Herren hoch zu Ross an ihm vorbeiziehen. An der Spitze aber ritt sein ehemaliger Schützling, der ein Kaisersohn war, und der ihn nun auch kaiserlich belohnte, ihm die Zinsfreiheit schenkte und ihn in den Ritterstand erhob. Die Freisassen von Goldegg gehen auf diese Begebenheit zurück. Später dann soll der ehemalige Bauer mit dem Sack Geld, den er auch noch geschenkt bekam, sein Haus in ein Schloss mit Namen „Wiffe" umgebaut haben, von dem heute aber nur mehr die Reste der Grundmauern erhalten sind.

Frau Berchta im Eisacktal

Die Frau Percht kommt als dämonische Sagengestalt im gesamten deutschsprachigen Raum vor und wird auch Perchtl oder Berchta genannt. Meist ist sie die Anführerin einer Schar von Kindern, welche bereits vor der Taufe verstorben sind. In den Raunächten, besonders aber in der „Perchtelnacht" vom 5. auf den 6. Jänner, zieht sie mit ihren Kindern – in mancher Sage wird auch von Hündchen gesprochen – von Hof zu Hof und labt sich an den für sie bereiteten Speisen. Faule Bauerndirnen straft sie und achtet auf die Einhaltung der Feiertagsruhe.

Im unteren Eisacktal, in Lajen, wird die Berchta als eine große, tief verschleierte Frau beschrieben, die mit langen, wallenden und aufgelösten Haaren umherzog. Meist wurde sie im Abenddunkel nach dem Betläuten gesehen, wie sie den Bach zwischen Tschöffes und Grödnerbach niederstieg; hinter ihr her wuselten einige kleine, kläffende Hunde.

Ein alter Schneider hat die Frau Berchta einmal gesehen, wie sie mit ihren kleinen „Hundelen" auf dem Hofe eines Bauernhauses daherkam. Der versuchte, die kleinen Köter zu erwischen, aber sooft er einen in den Händen zu haben glaubte, war er schon wieder fort.

Beim Tscharluier war eine „Steinlammer", wie man zu einer Geröllhalde sagt. Frau Berchta erschien bei einem Baumstumpf im Wald und ging über die Wiese zu dieser Lammer. Ein wenig unterhalb davon stand ein Brunnentrog, in dem sie die sieben Hündlein, die sie bei sich hatte, badete. Danach kehrte sie mit ihren Tieren zur Lammer zurück, ging um diese herum und dann wieder zu dem Baumstumpf, wo sie verschwand. Frau Berchta wurde auch bei verschiedenen Höfen ohne ihre Hunde gesehen.

Ein Knecht des Wasserbauern im Lajenerried war ein „gwundriger Bursch" und wollte mit eigenen Augen die „Tochter Berchta" mit ihren Hunden sehen. Er versteckte sich am Wegrand und lauerte ihr auf. Und wirklich kam Berchta mit sieben Hunden daher. Als sie am Knecht, der sich gut versteckt hatte, vorbeiging, sagte sie:

„Hier ist ein bequemes Stöckl!"

Und sie schlug ihm ihr Beil in das Knie. Der Knecht fühlte keine Schmerzen, hatte aber nun ein störendes Beil im Knie stecken. Und weder er selbst noch ein anderer, ja nicht einmal der Arzt, vermochten das Beil herauszuziehen. Da riet ihm der Pfarrer, an einem der vier Quatembertage wieder an derselben Stelle auf die Berchta zu warten. Er tat es und als sie vorbeiging, zog sie dem Knechte mit den Worten „Sieh, da ist mein Beil!" dasselbe wieder aus seinem Knie.

Auf dem Villanderer Berg gegenüber weiß man viel von Frau Berchta zu erzählen. In den sogenannten Klöckelnächten durfte sich niemand mehr draußen außerhalb des Hauses aufhalten, denn Frau Berchta nahm jeden, den sie noch im Freien fand, mit sich fort.

So fuhr sie einmal mit ihrem Wagen voll Menschen an einem Brunnen vorbei, wo sich noch eine Bauerndirn aufhielt. Sie stieg ab, warf das Mädchen auf ihren Wagen und fuhr damit weg. Dieses arme Mädel wurde nie wieder gesehen.

Als sie einmal an einem Bauernhaus vorbeifuhr, da wurde sie von den Bauersleuten gesehen, und die riefen ihr frech zu:

„Lass meinen Teil auch! Lass meinen Teil auch!"

Am nächsten Morgen fanden sie einen Mann an ihre Haustüre genagelt, da sind ihnen ihre spöttischen Reden wohl vergangen. Als in der folgenden Nacht Frau Berchta wieder vorbeifuhr, riefen sie ihr zu:

„Nimm meinen Teil auch! Nimm meinen Teil auch!", und sie nahm den Leichnam wieder mit.

Überhaupt hatte Frau Berchta ganz sonderbare Sitten und neckte das Weibervolk und hielt es in strenger Zucht und Ordnung. Die Bauerndirnen wussten aber auch wirksame Mittel gegen sie, wie das Atmen in eine Mohnstampfe und Ähnliches. Am strengsten aber zeigte sie sich um Weihnachten. Da musste das Werg abgesponnen und das Garn abgewunden, das Geschirr gescheuert und alles rein und geordnet sein. Wenn sie eine faule Dirn erwischte, dann bestrafte sie das Vergehen schwer.

Zwei Hirten von der Latzfonser Alpe hatten einmal ein sonderbares Erlebnis. Sie saßen auf Guffbreit, nicht weit von der Alpe, und aßen ihr Mittagessen, welches aus frisch gemolkener Milch von drei Ziegen und Brot bestand. Wie sie nun beim Essen waren, da hörten sie mit einem Mal viele Kinderstimmen. Doch hatten sie solche Stimmen noch nie gehört, und sie dachten schon an den Gesang der Saligen Fräulein; aber sie sahen nichts und niemanden, auch konnte der Wind keinen Gesang hergetragen haben, denn die nächsten Häuser waren viele Stunden entfernt.

Nun wurden die zwei Hirtenknaben neugierig und standen auf, um nachzusehen, woher die Stimmen kamen. Als sie an einen Bergspalt kamen, hörten sie ganz deutlich in der Tiefe drinnen eine Frau mit Kindern sprechen, und die sagte:

„Wartet nur, bis die Hirten fort sind, dann wollen wir heimlich hingehen und die Brotkrumen mitsammen essen."

Daraufhin eilten die Hirten schnell auf ihren Platz zurück, aßen geschwind ihr Mittagessen und molken die frische Milch von drei Ziegen. Dann gaben sie ihr restliches Brot in die Milch und ließen alles stehen, damit die armen Kinder auch genug zu essen finden würden, und gingen fort.

Als sie später zurückkamen, um ihre Schüssel zu holen, da war wirklich alles aufgegessen. In der hölzernen Schüssel aber lagen anstatt des Essens nun jede Menge schönster Goldstücke. War das eine Freude! Und diese Freude konnten die zwei Buben nicht für sich behalten und erzählten zwei anderen Hirtenbuben davon. Die wollten nun auch eine Schüssel mit Milch und Brot dorthin stellen und dafür eine Schüssel voll Gold kassieren. Sie taten ganz gleich wie die ersten Hirtenbuben, verzehrten erst ihr Mittagessen und stellten dann ihre Schüssel mit frischer Milch und Brot hin. Sie entfernten sich und als sie wiederkamen, da war auch ihre Schüssel leer gegessen, doch fanden sie kein metallenes Gold darin, sondern „Ziegenpöbelen", den Kot der Geißen.

Vom Menschenzahn und vom gestohlenen Bein

In Schenna ging ein zwanzigjähriges Bauernmädchen, das etwas kränkelte, auf den Friedhof und fand auf einem Grab einen schönen, weißen Menschenzahn. Er gefiel ihm so gut, dass es ihn mit nach Hause nahm und in seine Truhe tat.

Als die junge Frau nun in der Nacht allein in ihrer Kammer lag, hörte sie ein unheimliches Geräusch. Sie horchte auf und fand, dass es aus der Truhe kam. Es klang so, als ob jemand von innen öffnen oder den Deckel heben wollte. Da war ihr nicht recht wohl in ihrer Haut, denn sie dachte sofort an den „Totenzahn"; morgens nahm sie ihn schnell heraus und lief damit auf den Friedhof. Dort legte sie ihn genau an derselben Stelle nieder, wo sie ihn gefunden hatte, und betete andächtig für den Verstorbenen.

In der folgenden Nacht aber rumorte es wieder in der Truhe bis zum Morgenläuten. Als sie die Truhe in der Früh öffnete, war wieder der unheimliche Zahn darin, genau dort, wo sie ihn am ersten Tag hingetan hatte. Sie nahm ihn abermals, trug ihn fort und warf ihn betend in die „Beingruft". Da gab es ein Gerassel, als würde ein ganzer Korb voll Gebeine ausgeschüttet!

Nach dem Zwölfuhrläuten öffnete sie die Truhe, um sich ganz sicher zu sein – und da fand sie den weißen Zahn schon wieder da drinnen! Dieses Mal erschrak sie heftig und rief:

„Das ist mein Tod!"

Sie wagte nicht mehr, den unheimlichen Zahn anzurühren, saß aber betend bei der Truhe. Da holte man den Pfarrer, der den Schrein öffnete, den Zahn herausnahm, ihn segnete und auf den Friedhof trug, wo er ihn in frisch geweihter Erde begrub. Der Priester kam dann zurück, um das verängstigte Mädchen zu trösten.

Da sagte es: „Der Zahn ist wieder in der Truhe."

Der Pfarrer erwiderte: „Das kann nicht sein", öffnete den Schrein – und der Zahn lag an der alten Stelle! Selbst der Geistliche traute sich nun nicht mehr, den Zahn anzurühren.

In der folgenden Nacht starb dann das Mädchen, und als der Pfarrer den Schrein öffnete, war der Zahn verschwunden. Kurz vor ihrem Tod soll die Arme gesagt haben:

„Jetzt weiß ich, von wem der Zahn ist."

Ein Knecht im Eisacktal trieb einst zu Kollmann das Vieh über den Friedhof zur Tränke. Als ein Ochse nicht gehen wollte, nahm er ein „Totenbein", das gerade da lag, und schlug damit auf das widerspenstige Tier ein.

Heimgekehrt, warf er den Knochen weg und dachte nicht weiter daran.

In der folgenden Nacht kam um Punkt Mitternacht ein Geist zu ihm ans Bett und schrie ihn an:

„Bringst du mir morgen nicht mein Bein,
sollst von mir zerrissen sein!"

Da war der Knecht sofort hellwach und konnte nicht länger schlafen. Gleich am nächsten Morgen ging er den Knochen suchen, doch fand er ihn nicht mehr. Er suchte in jedem Winkel, aber vergeblich. Nun blieb ihm nichts anderes mehr übrig, als zum Geistlichen zu gehen und ihm seine Not zu klagen. Und wirklich wusste dieser einen Rat:

„Du musst den ganzen Stall mit Weihwasser besprengen und dann wirst du das Bein schon finden. Dann stell dich Schlag elf Uhr in der Nacht unter die Haustür und du wirst einen Zug von Geistern kommen sehen. Alle Geister werden ein Licht in den Händen halten, bis auf den Letzten. Diesem nun gib das Bein zurück!"

Der Knecht folgte dem Rat, fand das Bein im Stall und gab es dem Geist zurück, als er gegen Mitternacht mit vielen anderen Geistern zum Haus kam.

Geistermesse in der Kirche

In Auer lebte vor vielen Jahren eine fromme alte Frau, die jeden Morgen beim ersten Glockenzeichen zur Frühmesse in die Peterskirche ging. Einmal wachte sie schon sehr früh auf, weil sie das gewohnte Zeichen gehört hatte, und musste sich sogar beeilen, da sie Angst hatte, zu spät zu kommen. Und wirklich, als sie zur Kirche kam, stand die Tür sperrangelweit offen und war von unzähligen Betern gut besucht. Schnell huschte die alte Dame auf ihren gewohnten Platz, da bemerkte sie, dass unter den Kirchenbesuchern viele verstorbene Bekannte und Verwandte waren.

Eine liebe Freundin setzte sich zu ihr in die Bank und sagte, sie dürfe den Gottesdienst der Toten nicht stören und müsse beim Weggehen auf dem Friedhof unbedingt ein Stück ihres Kleides zurücklassen. Dann gab sie ihr eine brennende Kerze in die Hand. Die alte Frau packte kalter Schauder und sie wünschte sich weit weg über Berg und Tal. Schon bald ging sie deshalb aus der unheimlichen Kirche und ließ auf dem Friedhof ihren Unterrock zurück. Als sie am nächsten Tag wieder dorthin ging, fand sie das Wäschestück in viele kleine Stücke zerrissen, die auf allen Gräbern herumlagen. Die Kerze aber, die sie mit nach Hause genommen und in einen Kerzenhalter gesteckt hatte, war am nächsten Morgen keine Kerze mehr, sondern ein Menschenknochen. Die alte Dame war darüber so erschrocken, dass sie drei Tage später starb.

Eine Bauerndirn aus Untervöls hatte ein ähnliches Erlebnis. Weil sie einen sehr weiten Weg zur Dorfkirche hatte, stand sie immer sehr früh auf, um zur täglichen Frühmesse zu gehen. Einmal war es aber noch finstere Nacht, als sie das Läuten zur Messe hörte, und sie machte sich eiligst auf den Weg. Als sie in die Kirche eintrat, war sie die Erste und dachte sich:

„Besser zu früh als zu spät", kniete in einen Stuhl und betete.

Aber es betrat noch immer niemand die Kirche, und auf einmal kam es ihr so vor, als hörte sie mehrere Leute nicht weit hinter sich murmelnd beten. Auch wenn man sich in der Kirche nicht nach anderen umschauen soll, schaute sie vorsichtig nach hinten, sah aber niemanden.

Da schlug es plötzlich von der Turmuhr Mitternacht und es zupfte sie jemand am Ärmel. Erschrocken schaute sich die Dirn um und erkannte ihren verstorbenen Großvater im matten Kirchenlicht. Vor Schreck begann sie am ganzen Körper zu zittern, doch beruhigend sprach der Geist zu ihr:

„Anichle, hab keine Angst und geh einfach schnell aus der Kirche. Lass aber irgendetwas von dir zur Lösung zurück, dann kann dir nichts geschehen! Weißt du, jetzt gehört die Zeit halt uns."

Da sah sie mit Entsetzen, wie sich der Kirchenboden neben ihr auftat und lauter Gespenster heraufstiegen. Sie sprang auf, warf ihre Schürze auf den Boden und lief durch die noch immer offene Tür aus der Kirche, ohne sich nur ein Mal umzusehen, den Weg hinunter und heim. Am andern Morgen wurde ihre Schürze auf dem Kirchenboden in tausend Stücke zerrissen gefunden.

Eine unheimliche Geisterprozession findet im Domkreuzgang zu Brixen in den Quatembernächten statt – das sind die vier besonderen Bußtage im Kirchenjahr, die im weltlichen Leben als Zinstage von Bedeutung waren. Bei dieser feierlichen Prozession werden Kreuze und Fahnen mitgetragen, selbst der Bischof geht in vollem Ornate mit – und zwar jener Bischof, der sonst auf dem steinernen Sarg im Kreuzgang liegt! Von dieser Prozession hört man aber kein lautes Beten und Singen, man hört nur dumpfes Gemurmel.

Einer hatte davon gehört, dass in diesen Nächten eine Geisterprozession durch den Brixner Kreuzgang zieht und dachte sich, dass er das einmal mit eigenen Augen anschauen wollte. So versteckte er sich abends im Kreuzgang und ließ sich einsperren. Da sah er wohl die Prozession um Mitternacht, aber er wäre um keinen Preis ein zweites Mal in der Nacht drinnen geblieben, denn der Bischof hob seinen Stab in die Höhe und drohte dem Neugierigen damit.

Vor vielen Jahren war beim Mesner in Mals spätabends ein „Hoamgarten" beisammen, bei dem auch von Geistern erzählt wurde. Die Tochter des Mesners war ein keckes Mädel und sagte, sie fürchte sich nicht vor Gespenstern. Da sprach einer:

„Wenn du so tapfer bist, dann zeig es uns bitte. Geh in die Kirche und knie dort vor dem Hochaltar nieder, vielleicht halten die Geister heute einen Gottesdienst!"

Gesagt, getan – und als das Mädchen das dritte Vaterunser fertiggebetet hatte, stand es auf und sah nun, dass die gesamte Kirche voller Leute war. In einer der letzten Bänke sah es beim Hinausgehen einen ganz fremden, seltsam aussehenden Mann. Der hatte ein ledernes „Schmerkappel" auf – das sind kleine schwarze Kappen, die gerade den Scheitel bedecken –, und schien ganz in Andacht versunken zu sein. Das Mädel sprach ihn an und forderte ihn auf, dass er gehen solle, da es jetzt die Türe schließen müsse. Er reagierte aber nicht auf die Dirn, und so nahm sie ihm schnell das Kappel vom Kopf und eilte damit nach Hause. Als sie nun von ihrem Erlebnis erzählte und das Kappel herzeigte, da schüttelte ihr Vater, der Mesner, den Kopf und riet ihr, das Kappel schnell zurückzubringen. Eilig lief sie zurück in die Kirche und setzte dem Mann sein Kappel auf den Kopf. Als sie nun nach Hause zurückkam, lag das Kappel bereits wieder auf dem Tisch. Man brachte zum Schrecken der Anwesenden das Kappel nicht mehr weg, und nun musste der Geistliche geholt werden, der lange betete und den Geist beschwor, es wieder an sich zu nehmen. Da verschwand endlich das unheimliche Schmerkappel.

Auch der Türmer von Mals hatte ein gruseliges Erlebnis, als er um Mitternacht zum Friedhof sah. Die Toten waren aus ihren Gräbern gestiegen und führten allerlei Tänze auf.

„Die haben wohl a ‚Hetz' da unten", dachte er bei sich und schaute gerne dem lustigen Treiben zu.

Nach einiger Zeit wollte er die tanzenden Toten ein wenig necken, um zu sehen, was sie dann machen würden. Fleißig sammelte er kleine Steinchen auf und warf sie auf die Gespenster hinunter. Doch nach wenigen Steinchen, die er geworfen hatte, hörten die Knochenmänner zu tanzen auf, kletterten im Nu den Turm hinauf und stiegen zum Fenster hinein. Dann packten sie den allein schon vor Schreck halbtoten Wärter, wirbelten ihn wie wild in der Luft herum, krakelten dabei in den fürchterlichsten Tönen und warfen ihn in den Friedhof hinunter. Morgens fanden ihn die Leute auf dem Weg zur Frühmesse, seine Leiche lag auf einem Grab.

Sagen vom Lauterfresser

Über zweihundert Jahre glaubte man in der Region um Brixen, die Erzählungen vom „Lauterfresser" seien Erfindungen und aus der Phantasie der Menschen entstanden, bis im Jahr 1858 der Forscher I. V. Zingerle die Prozessakten ausfindig machte. Auch vor Gericht wurde der Akt unter dem Namen Lauterfresser geführt. Der weltliche Name des Angeklagten war Mathias Perger, geboren um 1587 und hingerichtet Ende 1645 in Mühlbach. Sein Beiname war „Lauterfresser", und das kam daher, dass er nur „lautere", also flüssige Speisen wie Mus oder Suppe essen konnte, da er keine Zähne mehr hatte. Er stammte aus Tschötsch bei Brixen und bestritt seinen Lebensunterhalt als fahrender Händler und Gelegenheitsarbeiter sowie als Astrologe. Am 11. Mai 1645 wurde der Herumziehende im Burgfrieden Rodenegg festgenommen und im Schloss Rodenegg inhaftiert. Perger gab bei seinen 13 Verhören zuerst nur einzelne, kleinere Zaubereien und Segenssprüche preis, als allerdings seine Tortur immer mehr verschärft wurde, gestand er den Teufelspakt, berichtete von Hexenflügen, Sabbatfeiern und persönlichen Dämonen. Er gestand herbeigezauberte Unwetter, Hostienschändungen, Milchraub, Handel mit Wurzeln und Kräutern und die Tötung von Vieh als verkleideter Bär. Später widerrief er einige ungerechtfertigte Aussagen, die er unter der Folter gemacht hatte. Dennoch beschloss das Gericht einstimmig die Hinrichtung des Lauterfressers. Nach der Volkssage wurde der Lauterfresser zum Feuertod verurteilt. Damit er am Weg zum Richtplatz nicht mit Erde in Berührung komme, wodurch er sich hätte befreien können, wurde er in einem kupfernen Kessel zur Richtstätte geführt.

Der Lauterfresser war ein Meister im „Verblenden", er konnte seinen Mitmenschen Dinge vorspiegeln, die in Wirklichkeit gar nicht da waren und noch dazu selber die Gestalt der Projektion annehmen. Ein fahrender Händler geriet einmal in ganz furchtbare Not und das nur, weil sich der Lauterfresser einen Spaß mit ihm erlaubt hatte. Er war mit seinem Korb voll Schüsseln und Gläsern auf einem Bergweg unterwegs, als er sich auf einen Baumstumpf zur Rast setzte und sich seine Pfeife anzündete. Auf einmal fiel der Baumstumpf um, und mit ihm der Händler und sein Korb mit allen Schüsseln und Gläsern kullerte den Berg hinab und zerbrach in Scherben. Dem unglücklichen Mann blieb nichts anderes übrig als mit seinem leeren Korb weiterzugehen, der Baumstumpf aber war der Lauterfresser gewesen. Die Verzweiflung des Händlers tat dem Zauberer jedoch sehr leid und so beschloß er seinen Lausbubenstreich wieder gutzumachen. So traf der Händler bald auf einen Herrn, der ihm

Hilfe in seiner verzweifelten Lage anbot. Es war der Lauterfresser, der ihm ein Kalb mit dem Auftrag mitgab, es schnell beim Metzger in Brixen zu verkaufen und der Verzweifelte nahm dankbar an und hatte sein eben erst verlorenes Geld bald schon wieder eingenommen. Eine halbe Stunde nach dem Viehhandel sandte der Metzger den Knecht in den Stall, um das Kalb abzustechen. Doch im Stall war kein Kalb mehr, dort hing nur noch die leere Kette. Das Kalb war der verzauberte Lauterfresser, der sich schon in Brixen davonmachte.

Auf der Millander Au sah der Lauterfresser einmal eine Bäuerin, die mit einem Ruckkorb voll Eier zum Markt eilte. Er war gerade zu Streichen aufgelegt, daher verwandelte er sich in einen Baumstrunk am Wegesrand, der geradezu zum Sitzen einlud. Tatsächlich machte die Frau dort eine Rast, doch der Zauberer verschwand als Baumstrunk, worauf der Korb umstürzte und alle Eier zerbrachen. Nun war die Frau völlig verzweifelt, hätte sie doch mit dem Erlös einen Kupferkessel gekauft, den sie so dringend benötigte, wie sie dem „zufällig" daherkommenden Lauterfresser erklärte. Nun versprach er ihr, einen solchen Kessel zu besorgen. Sie gingen zum Glockengießer, wo sich die Bäuerin den passenden Kessel aussuchen konnte. Als es ums Bezahlen ging, provozierte der Lauterfresser einen enormen Streit mit dem Glockengießer, bis der Lauterfresser zuletzt in vulgärer Weise den Kessel mit einer „Fetzkachel" verglich. Der Glockengießer ging nun eine Wette mit dem Lauterfresser ein, die er jedoch verlor, da ihm der Zauberer den übervollen, als Nachttopf verwendeten Kessel als Beweis zeigte. Die Bäuerin bekam nun den gewonnenen Kupferkessel, den sie jedoch kräftig reinigen musste.

Natürlich konnte der Lauterfresser auch „Wetter machen", dazu warf er Totennadeln, Tannensplitter, Schiefer von Glockenspeise, Frauenhaare, Exkremente und Steine in Wasser, und es fing an zu wehen und zu regnen, selbst Schnee oder Hagel konnte er so erzeugen.

Da die „Hexenwetter", wie die besonders schlimmen Unwetter genannt wurden, immer häufiger und gefährlicher wurden, bestellten die Bauern von St. Andrä beim Glockengießer in Brixen eine noch größere Wetterglocke als ihre Sankt-Anna-Glocke schon war. „Zwei Glocken richten ja mehr aus als nur eine", dachten sich die Bauern. Als die Glocke endlich fertig war, wurde sie den Berg hinaufgezogen. Aber sie kamen nicht weiter damit als bis zum Dorf Zinzages, denn der Lauterfresser hatte mit seiner Schwarzkunst den Weg und das Zugvieh verhext. Die Bauern mochten noch so viele Ochsen vorspannen, die Glocke war nicht von der Stelle zu bringen. So mussten sie den Transport aufgeben und mit der Glocke wieder umkehren.

So wie der Lauterfresser im Freien Wetter machen konnte, so tat er dies auch zum Vergnügen in den Bauernstuben. Er konnte in den verschiedenen Ecken verschiedene Wetter machen, auch Nebel zauberte er hinein, dass man hätte einen „Stecken" anlehnen können, so dicht war er. In Vintl machte er im Sommer bei einem Bauern zur Freude der Kinder in der Stube Schnee. Er gebrauchte dazu sein Zauberröhrchen, das er immer bei sich führte. Dieses war ein Federkiel von einer weißen Gans, und darin hatte er Farnsamen, im Kometenschein gesammelt, eine Totennadel und eine Beißwurmzunge. In dieses Röhrl blies er, und bald schneite es wie mitten im Winter.

Es war ihm ein Leichtes, auch die schwersten Fuhrwerke mit einem einzigen Ruck über den Haufen zu werfen. Umso gefürchteter war er bei den Leuten. Er konnte aber auch die schwersten Lastwägen mit Hilfe seiner Zauberei umwerfen. Dazu brauchte er bloß einen Zettel mit den Namen böser Geister in die Speichen der Wagenräder zu stecken, und der größte Heuwagen fiel um.

Der berüchtigte Zaubermeister Lauterfresser konnte sich in jedes Tier verwandeln, aber am liebsten verwandelte er sich in eine Mücke oder Fliege. Als Mücke flog er einmal in die Nähe einer Bäuerin in St. Andrä, die gerade Butter machte, um nach Herzenslust Buttermilch zu schlecken.

Aber die Bäuerin hatte das Insekt bemerkt und warf die Mücke aus dem Kübel. Hätte die Bäuerin die Fliege zerquetscht, wäre er mausetot gewesen. Da er aber nun mit Erde in Berührung kam, konnte er wieder zaubern, und sofort stand der leibhaftige Lauterfresser vor der erschreckten Frau; er selbst hinkte aber von da an auf einem Fuß.

Gefährlich wurde er nur, wenn er sich in einen Bären verwandelte, denn dann stellte er oft den größten Schaden an. Als Bär begab er sich auf die Raschötz-Alm bei Villnöß, wo er eine Anzahl Rinder riss und auffraß. Das aber wollten die Grödner nicht länger zulassen, und so taten sich die Jäger aus dem ganzen Tal zusammen, um den Bären zu erlegen. Als der Bär dies aber merkte, nahm er wieder seine menschliche Gestalt an und begab sich nach St. Ulrich hinab, wo er sich zu einem Trunk ins Wirtshaus setzte.

Nachdem die Grödner den gefürchteten Bären den ganzen Tag lang nicht zu Gesicht bekommen hatten, blieb ihnen schließlich nichts anderes übrig, als unverrichteter Dinge wieder heimzukehren und für den nächsten Tag eine noch größere Treibjagd anzusetzen. Ehe sie aber heimkehrten, gingen sie in St. Ulrich noch in ein Gasthaus und bestellten dort eine üppige Knödelmahlzeit – und zwar im selben Gasthaus, in dem schon der Lauterfresser saß und auf sie wartete.

Wie nun die Knödel hereinkamen, luden die Jäger den Lauterfresser, den sie natürlich nicht kannten, ein mit ihnen mitzuhalten, und der setzte sich lächelnd hinzu und aß wacker mit. Die Jäger erzählten ununterbrochen von dem Bären, und wie er ihnen zwar diesmal noch ausgekommen sei, sie ihn aber morgen gewiss fangen oder schießen würden. Einige wollten ihn gar auch selber gesehen haben und erzählten haarsträubende Geschichten davon.

Der Lauterfresser horchte ihren gefährlichen Bärenabenteuern vergnügt zu, wünschte ihnen für den nächsten Tag viel Glück auf der Bärenjagd und ging zur Tür hinaus. In dem Augenblick kam der Pfarrer herein und sagte:

„Mander, wisst ihr, dass euer Bär mit euch Knödel gessen hat?"

„Kruzitürken!", schrien sie und wollten dem Lauterfresser nach. Aber dieser war „bei Laub und Staub" verschwunden, und sie hatten zum Schaden auch noch den Spott.

Der Lauterfresser konnte sich überall unsichtbar machen, wo er mit der Erde in Berührung kam, die einzige Ausnahme war nur der Hof von Schloss Rodenegg, am Eingang des Pustertales. Es war ihm einmal prophezeit worden:

„Hüte dich vor Schloss Rodenegg und vor alten Weibern!"

Aber der Lauterfresser pochte auf seinen Bund mit dem Teufel und lachte über die Prophezeiung.

In der Gemeinde Rodeneck hatte er gestohlene Nüsse gedroschen und einen Mehlsack damit angefüllt. Ein altes Weib sah es und zeigte ihn an. Als ihm nun die Gerichtsdiener auf der Spur waren, machte er sich eilig davon und verkroch sich in einem Heustock. Aber die Gerichtsdiener folgten ihm, und es blieb ihm nichts anderes übrig, als sich in eine Mücke zu verwandeln und durch das offene Stadeltor davonzubrummen. Nach einiger Zeit schlich er zum Stadel zurück, weil es ihm um die „Nussen" doch von Herzen leid gewesen wäre und schleppte den vollen Sack, den die Gerichtsdiener zurückgelassen hatten, mit sich fort und unter Schannaraut hinein, wo er eine Höhle hatte, die noch heute das Lauterfresserloch genannt wird.

Den halben Sack aß er leer, dann tat er ein kleines Schläfchen. Aber das Weibele hatte ihn wieder bemerkt und holte gleich die Polizei heran. Und der Lauterfresser, der den Jägern und Gerichtsdienern so oft entronnen war, der sich selbst kugelfest gemacht oder gegen die Verfolger „verblendet" (unsichtbar gemacht) hatte, wurde im Schlafe überrumpelt und gefesselt in einen kupfernen Kessel voll geweihter Sachen gesteckt. Nicht, dass er mit Erde in Berührung käme und sich wieder „verblenden" könne, so wurde er nach Rodeneck geliefert. Hier wurde er im Kerkerloch, das noch heute zu sehen ist und ebenfalls den Namen Lauterfresserloch führt, gefangen gehalten, dann verurteilt und hingerichtet.

Es war ein kalter Herbsttag, als sie ihn zur Richtstätte schleppten, der Lauterfresser schaute erst so in die Weite, pfiff dann ein wenig und sagte:

„Heut' wird es einen heißen Tag geben!"

Auf dem Galgenplatz, draußen zwischen Mühlbach und Spinges, wurde der Zauberer auf einem Scheiterhaufen zu Pulver und Staub verbrannt.

Das Pfunderer Bergwerk bei Klausen

Das im Jahr 1140 erstmals genannte „Silberbergwerk zu Villanders" im Thinnebachtal ist der älteste urkundlich erwähnte Bergbaubetrieb Tirols. In der Zeit um den Ersten Weltkrieg wurde das Bergwerk aufgelassen, heute wird das Bergwerk als Schaubergwerk geführt.

Ursprünglich wurden die Erzvorkommen im Thinnebachtal von Venedigern entdeckt und ausgebeutet. Sie kamen alljährlich nach der Schneeschmelze in die Gegend, wurden aber von den Einheimischen gemieden, da man ihre Sprache nicht verstand und ihrem verborgenen Tun und Treiben misstraute. Manchmal riefen Venediger einem Hirten nach:

„Ihr werft beim Hüten der Kuh Steine nach, von denen einer zehnmal mehr wert ist als das schönste Stück Vieh."

Doch die Hirten wussten mit diesen Andeutungen nichts anzufangen.

Einst wanderten in früher Morgenstunde zwei Klausner Bürger nach Bozen; da beobachteten sie, wie eine ganze Schar Venediger schwer bepackt vom Villanderer Berg niederstieg und nach dem Süden zog. Ganz hinten kam noch ein verspätetes altes Männlein mit eisgrauem Bart, schwer keuchend unter seiner Last, nach. Die beiden Klausner erbarmten sich des schwächlichen Alten und erboten sich, ihm seine schwere Last abzunehmen, was das Männlein mit Dank annahm.

Doch die Last wurde auch den kräftigen Klausnern bald zu schwer, und nach einer Stunde setzten sie sich zur Rast. Der Venediger bedankte sich gar sehr und schenkte jedem der Männer ein silbern glänzendes Erzgestein und sagte ihnen, dass sie davon große Mengen im Thinnebachtal finden würden. Sie sollten genau beobachten, wohin der Schatten der Säbener Turmspitze am

Sonnwendtag zur Zeit des Sonnenaufgangs fällt. Hierauf verschwand das Männlein, und die Venediger wurden nachher in der Klausner Gegend nicht mehr gesehen.

Als man in Bozen das Geschenk des Venedigers für ein sehr wertvolles Silbererz erklärte, suchten die beiden Klausner zur nächsten Sonnwendzeit nach dem Schatten der Säbener Kirchturmspitze und fanden ihn an einer steil abfallenden Felswand, Gerstein genannt, im Thinnebachtal. Und in einer Spalte dieser Felswand entdeckten sie einen von den Venedigern getriebenen, engen Stollen, der weit in den Berg hineinführte und reiches Silbererz enthielt. So wurde das Pfunderer Bergwerk bei Klausen entdeckt.

Das Lebensmaß

Für jeden Menschen ist die Todesstunde genau vorherbestimmt und eine Erzählung aus dem Eisacktal bezeugt dies.

Ein Waldarbeiter, der bei Kollmann oberhalb von Klausen im Wald Holz fällte, hörte schon seit einiger Zeit eine Stimme rufen:

„Die Zeit ist aus – aus, und er ist noch nicht da."

Er verstand nicht recht, was diese Stimme wohl meinte und woher sie kam – er sah sich nach allen Seiten um, entdeckte aber weit und breit keinen Menschen.

Nun wurde es ihm unheimlich, und als er die Stimme ein weiteres Mal hörte, wollte er schon die Axt liegenlassen und davonlaufen. Aber plötzlich kam ein Mann die Straße heruntergeritten und fiel nicht weit von ihm entfernt tot vom Pferd. Nun war es wieder still im Wald.

Wen der Teufel holt

Zwei Hirten weideten auf dem Tisenser Berg im Etschtal zusammen ihre Herden. An diesem Tag war ihnen unglaublich langweilig, alle Spiele hatten sie schon gespielt und sich sämtliche Sagen aus der Umgebung erzählt. Da rief der eine:

„Ich weiß ein ganz besonders Spiel, das wir noch nie gespielt haben – lass uns spielen wie's tut, wenn man sich erhängt!"

Der andere willigte ein und sie bereiteten alles vor, nahmen einen Strick, machten eine Schlaufe und hängten ihn über eine Astgabel. Der eine wollte gleich als Erster an sich die Probe machen, und der andere versprach, danebenzustehen und ihn zu rechter Zeit sofort wieder herunterzuholen.

Also nahm der Erste die Schlaufe, legte sie sich um den Hals und rutschte leicht vom Baum herunter. Da kam genau in diesem Moment ein dreibeiniger Hase dahergehinkt und der andere Hirte wollte ihn schnell fassen. Aber der Hase entschlüpfte ihm, er lief ihm nach und meinte, ihn im nächsten Augenblick zu fangen, doch da war er schon wieder weg; und so ging es eine ganze Zeit, bis ihm wieder sein Kamerad einfiel. Schnell lief er zu dem Baum, um den anderen Hirten herabzulassen – dieser aber war bereits tot.

Der dreibeinige Hase war natürlich der Teufel gewesen, der bei dieser „Narretei" schnell zu einer Seele kam.

Vor Jahren gab es einen Bauern auf einem alten Hof bei Trens, nicht weit von Sterzing entfernt, der die Kunst des „Sensen-wetzen-Machens" verstand. Das war freilich eine besondere Kunst, die nicht jeder konnte.

Wenn die Heilige Nacht kam, so legte er alle seine Sensen und Sicheln aufs Hausdach. Auch die Wetzsteine und die der Nachbarn nahm er mit aufs Dach, setzte sich dann selber dazu und zog sich eine Teufelsmaske mit furchtbaren Hörnern auf den Kopf. Auf dem First des Hauses sitzend, nahm er nun eine der vielen Sensen in die Hand, da war es meist so gegen 23 Uhr. Sogleich kam der Teufel daher, und dem gab der Bauer, ohne auch nur ein Sterbenswörtchen zu verlieren, die Sense. Schnell stand er auf und eilte vom Dach herunter, ohne sich umzusehen. Dann machte er geschwind ein Kreuzzeichen und ging in die Kirche zur heiligen Mette.

Der Teufel am Dach droben aber wetzte wie wahnsinnig, sodass die Funken links und rechts übers Dach „achi" flogen. Dazu macht er ein Gesicht, „a Breankn", als hätte er „an Enzianwurz vaschluckt". Wenn er dann fertig war, flog er wie ein feuriger Drache übers Tal gegen das Hexenjoch, wo er vermutlich seinen Zorn über das Bäuerle ausgelassen hat.

Als dieser Bauer gestorben war, versuchte es ein anderer Trenser mit dem „Sensen-wetzen-Machen". Der ließ aber vor Schreck die Sense fallen, statt sie dem Teufelsschwanz in seine Krallenpratzen zu geben. Und den hat dann der Teufel „durchputzt", ihn beim „Gnack" gepackt und durch die Luft getragen, bis er „hin" war.

In der Heiliggeistkirche zu Prettau im Ahrntal steht noch heute ein durchschossenes Kruzifix. Von diesem weiß man sich Folgendes zu erzählen:

In der Krimml war einmal ein großes Preisschießen und der Hauptpreis war ein prächtiger Zuchtstier. Da machte sich auch ein Schütze aus Prettau auf den Weg. Gleich hinter dem Dorf kam er an dem Kruzifix vorbei und sprach zu sich:

„Treffe ich das Bild, dann bekomme ich sicher den Hauptpreis."

Er legte sein Gewehr an und schoss – und traf den Heiland durch und durch. Nun war aber der Teufel an seiner Seite und half ihm wirklich, den Stier zu gewinnen. Dann führte er ihn über den Tauern herüber nach Prettau. Als sie aber zu dem durchschossenen Kruzifix kamen, wurde der Stier plötzlich wild und spießte den Schützen vollkommen mit seinen Hörnern auf, so dass er augenblicklich tot war.

Einen ganz verteufelten Hüterbuben hatte ein Pustertaler Lechner auf Kegelberg am Steilhang des Gitschberges in seinen Dienst genommen. Der Hirte fluchte und tobte oft wie ein Besessener, so dass sich die erwachsenen Bauersleute erschreckt bekreuzigten und davongingen. Eines Tages war aber das Maß voll, und der Teufel holte den Buben vom Thalerbichl weg direkt zu sich in die Hölle. Dort musste er nun ganze sieben Jahre lang als Pförtner arbeiten. Nach dieser Frist brachte der Satan den Hirten wieder auf den Kegelberg und stellte ihn exakt dorthin zurück, von wo er ihn damals „vertragen" hatte.

Doch man kannte den Hirten kaum wieder, so sehr hatte er sich verändert. Er redet fast nicht mehr und tat ernst seine Arbeit. Kein Juchzer und kein Lacher waren mehr von ihm zu hören. Er war um Jahrzehnte gealtert und schlohweiß geworden.

Irgendwann kam er aber doch einmal mit einem jüngeren Weitentaler zu „Wörtl", und da rutschten ihm die unüberlegten, zornigen Worte heraus:

„Du Satansbraten, du – deinem Vater habe ich auch seinerzeit die Tür zur Hölle geöffnet!"

Das Pfeifer Huisele

In Tulfer, am Anfang vom Pfitschtal, lebte ein Männlein, das weit und breit unter dem Namen „Pfeifer Huisele" bekannt war. Es hatte ein kleines Häuschen hoch oben auf dem Berg, schon fast an der Baumgrenze. Das Huisele brachte sich dennoch gut durch die Welt, es hatte mit dem Schwarzen nämlich einen Pakt geschlossen und beherrschte allerlei Künste. Es konnte sich verwandeln, so wie es wollte. So hatte es sich darauf spezialisiert, auf anderer Leute Kosten zu leben, ja, es ging ihm sogar besser als manchem angesehenen Bauern.

Andere wiederum bestehen darauf, dass Huisele ursprünglich in Ratschings wohnte und zwar im Weiler Flading – eines ist jedoch sicher, er stammte aus sehr einfachen Verhältnissen und wuchs im Wipptal auf. Von ihm weiß man auch einiges zu berichten, bevor er zu dem bekanntesten Zauberer Tirols wurde:

Huisele wuchs in so bitterarmen Verhältnissen auf, dass er einmal bei einem reichen Bauern eine Nähnadel stahl. Als er seine Mutter mit der gestohlenen Nadel beschenkte, lobte sie ihn sehr, denn es gab in ihrem Haushalt keine Nadel.

In seiner Schulzeit machte er dann die erste Begegnung mit dem Teufel. Huisele musste einmal einen schweren Karren durch den Wald schieben, da rief er vor Anstrengung:

„Den Karren soll der Tuifl schieben!"

Und wirklich kam der Teufel gerannt und schob für ihn den Karren durch den Wald, und von nun an sollten sich die zwei noch öfter begegnen.

Als er dann ausgeschult war, suchte er sich eine Stelle als Knecht bei einem Bauern in der Umgebung. Auf dem Huiseler Hof auf dem Gigglberg am Brenner hatte er seine erste Stellung. Für die Feldarbeit war er sicher nicht geboren, es zog ihn vielmehr in die Gasthäuser an der belebten Brennerstraße, und er unterhielt die Leute mit seinen Späßen und Gauklereien. Er war eine richtige Stimmungskanone und daher bei den Wirten immer gern gesehen. Sein Bauer hingegen wusste nicht viel Gutes über ihn zu erzählen, denn er war mit seiner Arbeit nicht zufrieden, und weil dieser sehr geizig war, tat es ihm um das viele Essen leid, welches das Huisele so am Tag verzehrte. Als sie miteinander beim Heumähen waren und die Bauern auf den Nachbarwiesen sich zum „Halbmittag" niedersetzten, da wurde es dem Bauern zu dumm und er wollte nicht, dass man ihn als geizig bezeichnen würde. So sagte er leise zum Huisele:

„Huisele – geh her da! Setz di nieder und dann tun wir so, als wenn wir halbmittagen würden wie die andern auch!"

Es war dem Huisele nur recht, eine Pause einzulegen und er tat so, als ob er essen würde. Als der Bauer nach diesem Schauspiel wieder an die Arbeit ging, ging auch Huisele wieder ans Werk, nahm aber den hölzernen Sensenstiel und strich mit diesem in Mähbewegungen übers Gras. Völlig entgeistert blickte sich der Bauer um, als er anstatt des Schneidegeräuschs der scharfen Klinge hörte, wie das Holz übers Gras kratzte.

„Huisele – was tust denn da ...?", fragte er mit zornigem Blick.

„Ja mei, ich tu halt so, als wenn i mahnen tat, so wie ich vorher so getan habe, als ob ich essen würde."

Nachdem der Huisele bei mehreren Bauern gearbeitet hatte, war er der schweren Arbeit überdrüssig geworden und wandte sich an den berühmtesten Hexenmeister seiner Zeit, an den Lauterfresser in Brixen. Andere wissen hingegen, dass er in der berühmt-berüchtigten Schwarzschule in Lana gelernt hat. Auf jeden Fall schloss das Huisele bald einen Pakt mit dem „Schwarzen Schutzengel". Er musste dafür lediglich einen Vertrag mit seinem eigenen Blut unterschreiben und sich einverstanden erklären, nie wieder in eine Kirche zu gehen und sich auch nie wieder zu waschen. Und ab dem Moment konnte er von seinem „Schwarzen Schutzengel" verlangen, was er wollte, er war ihm immer zu jeder Tages- und Nachtzeit zu Diensten. Als sie den Vertrag abgeschlossen hatten, schenkte ihm sein Teufel einen Esel, auf dem man ihn oft reiten sah. Auch eine Zauberrodel hatte er, mit der konnte er bergab und bergauf fahren.

Schon bald verstand er sein „Handwerk" wirklich gut und wandte es daher natürlich auch so oft wie möglich an. Zigmal hatte er sich schon in eine Fliege verwandelt, als er aber einmal im Ultental war und ihm eine der Frauen besonders gut gefiel, da machte er sich den Spaß und verwandelte sich in einen Floh. In dieser Verwandlung schlich er nun zu der Schönen in die Kammer und lief schnurstracks über ihren Arm ins Dekolletee hinein. Es bereitete ihm wirkliche Freude, zwischen ihren Brüsten herumzuwandern und dann noch in intimere Regionen vorzudringen.

Das Wichtige aber beim Verblenden, wie man diese Art von Zauber nannte, war, dass man immer den Kontakt zur Erde behielt, denn nur dann konnte man sich auch wieder zurückverwandeln. Der Zauberer durfte auch nicht außer Acht lassen, dass er seine menschlichen Kräfte ablegen und genau die Talente des Tieres haben würde, in das er sich verwandelt hatte. Am liebsten nahm Huisele die Gestalt einer Fliege an, so dass er ungehindert durch die Schlüssellöcher in die Milchkammern gelangen und so viel Milch und Rahm trinken konnte, wie er wollte. Wenn er dann so richtig am Schwelgen war, dann kam es vor, dass er vergaß sich festzuhalten und in die Milch oder in den Rahm hineinfiel – dann hieß es schwimmen!

Beim Kropfbauern in Rizoal erlebte Huisele seinen glücklichsten Tag. Wieder einmal war er in die Milchschüssel gefallen und die Magd fischte ihn mit ihrem Finger heraus. Sie wollte ihn beinahe schon zwischen ihren Fingern zerdrücken, da überlegte sie es sich anders und schleckte fein säuberlich den Rahm ab. Jetzt konnte er wieder fliegen und war gerettet.

Zwischen Oberlana und Tscherms liegt die sogenannte Raffeinwand, von der bei Unwettern so starke Wassermassen kommen, dass schon mehrmals ganze Bauernhöfe komplett vernichtet wurden. Hier fühlte sich Pfeifer-Huisele besonders wohl und galt als gefürchteter Hexenmeister. Wenn er den Bauern im Etschtal fürchterliche Unwetter schicken wollte, dann führte er das dazu nötige Wasser mit dreihundert Katzenpaaren über die Raffeinwand hinauf. Dabei war sein lautes Pfeifen zu hören, mit dem er die Katzen antrieb.

Oft hielt sich der Huisele auch in Pens im Sarntal auf, wo er aber nur mit dem Wasser aus dem Durnholzer See hexen konnte. Um nun an dieses weit entfernte Wasser zu kommen, baute er sich einen Wagen, um mit dem über den Berg zu ziehen. Er nahm einen Reiter und einen geflochtenen Korb und spannte seine beiden schwarzen Katzen davor, die den Wagen zum Durnholzer See zogen. Dort füllte er das Wasser in seinen Korb und ließ es wieder zurück ins Sarntal ziehen.

Eines Tages ärgert sich das Huisele schrecklich, und als es mit seinem Katzengespann zum See gekommen war und so talaus schaute, meinte es, es wäre am besten, „frisch" das ganze Sarntal unter Wasser zu setzen, dann könnte ihm kein Sarner mehr in die Quere kommen. Also fuhr es rückwärts, und wie es auf dem Berg oben war, sagte es, während es im Takt dazu Bewegungen in der Luft machte:

„Wasserle, rinn!
Feuerle, brinn!"

Im gleichen Augenblick entstand ein schreckliches Unwetter, der Hagel prasselte, als schütte man ihn eimerweise herab, und da und dort fuhr der Blitz in die Häuser. Die Glocke von St. Johann im Walde wurde aber rechtzeitig gegen das Unwetter geläutet und nun hatte der Hexenmeister die Gewalt über das Gewitter verloren. Hasserfüllt schrie er ins Tal:

„Wenn die Santer-Schelle nicht gewesen wäre, hätte ich ganz Sarntal ausgeschweibt!"

Dann aber war es auch für den großen Hexenmeister einmal aus und der Teufel holte ihn. Noch heute sieht man den ungeheuren Graben in Tulfer, den der Schwarze aufgerissen hat, als er mit dem Pfeifer Huisele in die Hölle fuhr.

Im Passeiertal erzählt man sich, dass das Huisele gefangen und in einen Kessel mit siedendem Öl gesteckt wurde. Doch Huisele schien nicht viel von der Hitze zu spüren, ganz im Gegenteil, in den ersten zwei Stunden jammerte er vor Kälte. Nach weiteren Stunden fing er dann an zu lachen und sagte:

„Jetzt heb ich an, ein bissl warm zu kriegen!"

Bei diesen Worten packte die Zuschauer das Grausen. Huisele blieb aber noch einige Stunden im siedenden Öl hocken. Als es ihm dann zu warm geworden war, krabbelte er heraus und „suchte seine Hösler".

Dann ist er auf und davon und man hat nichts mehr von ihm gehört oder gesehen.

In Meran soll er schlussendlich hingerichtet worden sein, aber es könnte auch in Mühlau bei Innsbruck oder gar in Hall gewesen sein.

Auf einem Armensünderkarren wurde Huisele zur Richtstätte gebracht, weil er mit dem „Tuifl" im Bund gestanden hatte. Nachdem er dreimal aus dem Kupferkessel entwischt war und er im siedenden Öl vor Kälte zitterte, warf ein heiligmäßiger Kapuziner „öppis G'weichts" hinein und damit waren Huiseles Zauberkräfte gebrochen. Nun begann das Huisele zu schreien:

„Der Tuiflskuttentrenzer hat mir öppis eigen geworfen!"

Die Eisacktaler aber erzählen sich, dass seine letzten Worte gewesen sein sollen:

„Schleunt's enk, dass i no mit olle Tuifl Mittogessen kann!"

Die Edelfrau von Sprechenstein

Auf der herrschaftlichen Burg Sprechenstein am Eingang in das Talbecken von Sterzing lebte einst ein Ritter glücklich mit seiner Frau und den Bediensteten. Die Edelfrau war hochschwanger, da musste ihr Mann leider dringend zu entfernten Liegenschaften reisen. Lange war ihr Mann nun schon nicht mehr daheim gewesen, und eines Tages war es dann soweit und die Edelfrau von Sprechenstein lag in den Wehen. Nach vielen Stunden der Qual hatte sie drei Buben und drei Mädchen geboren – was für ein Schreck!

„Oh mein Gott!", rief die junge Mutter immer wieder aus, „was soll ich nur tun?"

Mit Schrecken dachte sie daran, wie sie mit ihrem Mann schon öfters über Frauen mit Mehrlingsgeburten gesprochen hatte. Sie vertrat bis jetzt immer die Meinung, dass eine Frau nur dann mehrere Kinder auf einmal auf die Welt bringen könnte, wenn sie mit mehreren Männern geschlafen hatte. Was würde nun ihr Mann von ihr denken, wenn sie nach seiner langen Abwesenheit gleich sechs Kinder auf die Welt gebracht hatte?

Schnell hatte sie sich einen der Buben ausgesucht und die anderen fünf in einen Korb gelegt. Sie rief ihre Magd zu sich und übergab ihr den Korb mit den restlichen Neugeborenen.

„Geh geschwind zum Burggraben und ertränke die Kleinen, die zu viel auf die Welt gekommen sind. Sei leise und stell es so an, dass dich niemand dabei sieht. Solltest du aber doch dabei gesehen werden, so sage, dass du junge Hunde ersäufst!"

Die Magd ging, wie ihr aufgetragen worden war, zum Burggraben und kniete bereits auf dem Boden, um den Korb unter Wasser zu drücken, da kam ein Reiter herangaloppiert. Es war der Burgherr, der von seiner langen Reise zurückgekehrt war und nun über alles informiert werden wollte, was auf seiner Burg vorgefallen war. Neugierig kam er herbei und wurde umso wissbegieriger, je mehr die Magd versuchte, sich im Finstern ins nasse Gras zu drücken.

„Warum versteckst du dich im Dunkeln und was hast du da im Korb?", fragte er sie barsch.

„Ja Herr, ich war gerade dabei junge Hunde zu ertränken", sagte die Magd mit gesenktem Blick.

„Und darum kannst du mich nicht grüßen? Zeig mir, was du da im Korb zu verstecken versuchst, ich will mir die jungen Hunde mit eigenen Augen ansehen!"

Da schossen der Magd die Tränen in die Augen und sie zeigte den wahren Inhalt des Korbes. Der Burgherr war sprachlos und zu Tode erschrocken. Er dachte im ersten Moment, die Magd wolle ihre eigenen Kinder ertränken, doch dann kam ihn ein noch schlimmerer Gedanke und er fragte:

„Sind das etwa meine Kinder?"

Die Magd musste ihm nun genau erzählen, was vorgefallen war, und dann ritt er in seine schöne Burg und tat so, als wenn er gerade erst angekommen wäre. Der Magd aber gab er den Auftrag, die Kinder zu einem bestimmten Ort zu bringen, wo sie gut versorgt wären und die beste Erziehung bekommen würden. Sie selber aber dürfte zu niemandem ein Wort darüber verlieren, sonst würde es ihr eigenes Leben kosten!

Als nun sein Sohn auf der Burg seinen sechzehnten Geburtstag feierte, da ließ er ein großes Fest ausrichten und lud auch dessen fünf Geschwister ein. Es war ein rauschendes Fest, auf dem viel gelacht, getanzt und gespielt wurde. Als die Stimmung auf dem Höhepunkt war, stellte der Burgherr den geladenen Gästen die Frage, was wohl mit einer Mutter passieren solle, die ihre eigenen Kinder wie Hunde hat ersäufen lassen. Empört rief seine Frau:

„So jemand gehört bei lebendigem Leib eingemauert. Ja, das ist der gerechte Lohn für so eine Schandtat!"

Da nickte ihr Mann und rief aufgebracht:

„So soll es geschehen. Du hast dein eigenes Urteil gesprochen, denn du bist die Rabenmutter und dort stehen die ‚jungen Hunde'!"

Ihr Tod war ihr gewiss, aber die Kinder flehten um das Leben der Mutter und der Vater gewährte es ihnen.

Auch auf dem nicht weit entfernten Maulser Schloss und auf Schloss Prack von Asch im Gadertal soll Ähnliches vorgefallen sein. Dort wurden jedoch die Mütter zur Strafe eingemauert, und ein Hollerzweig wurde ihnen in den Mund gesteckt, der nach einiger Zeit aus der Mauer kräftig herausgewachsen war.

Viele Generationen später gab es ein weiteres Drama auf der Burg Sprechenstein. Der Ritter von Reifenstein hatte gleichzeitig mit dem Ritter von Sprechenstein um die Hand der schönen Adelheid von Trautson angehalten. Diese trat aber mit dem Sprechensteiner vor den Traualtar, und es kam noch am Hochzeitstag zum Zweikampf zwischen den benachbarten Rittern. Als Waffe wurde die Armbrust gewählt, und beide würden von ihrer Burg aus auf den Gegner schießen. Und so geschah es auch, doch wurde jeder der beiden durch den gegnerischen Pfeil getroffen und getötet.

So kam die Burg Sprechenstein in den Besitz der Familie von Trautson.

Der Salvang mit dem roten Röcklein

Im ladinischsprachigen Gadertal, das von Sankt Lorenzen im Pustertal abzweigt, liegen die Schafställe, wie anderswo in den Alpen auch, oben in der Nähe der Wälder. In diesen Wäldern leben die Salvangs, das sind kleine Waldmännlein, welche die Schafe ganz besonders gern haben und sie pflegen und hüten, als wären es ihre Kinder. Die Salvangs sind uralt und über und über dicht behaart.

In Abtei, am Fuße des Kreuzkofels, hauste im Wald oben ein solch kleines Männlein, das vor lauter Liebe zu den Schafen nicht wusste, was es den Tieren noch alles Gutes tun sollte.

Die Bauern brauchten gar keinen Schafhirten anzustellen, denn das Männlein war immer bei der Herde und passte auf seine „Zöglinge" auf. Es führte sie auf die besten Weideplätze, streichelte und liebkoste die Tiere und ließ in seiner Sorgfalt keinen Augenblick nach.

Selbst in der Nacht ließ es sie manchmal aus dem Stall und hütete sie im Mondschein, denn es gab nichts anderes in seinem Leben als die Schafe. Noch dazu gediehen die Tiere unter seiner Pflege, dass es eine Freude war, und sie wurden dick und rund!

Da taten sich endlich einmal die Bauern, denen die Schafe gehörten, zusammen und beratschlagten, wie sie sich dem Männlein für seine unermüdliche Arbeit einmal erkenntlich zeigen könnten. Und wie sie so darüber nachdachten, da kam es ihnen überhaupt erst zum Bewusstsein, dass sie so gut wie nichts über den Salvang wussten. Was er gerne aß oder sonst noch gerne tat – nichts von dem wussten sie. Da fiel einem von ihnen ein, dass er nur ein ganz dünnes, abgetragenes Mäntelchen trug, mit dem er im Winter sicher nicht warm hatte. Nun ließen sie beim Schneider ein neues „Röcklein" anfertigen – in schöner, roter Farbe, damit er sich noch mehr freuen sollte. Als das Hütejahr um war, hängten sie das neue Mäntelchen an die Türe des obersten Schafstalles und versteckten sich im Gebüsch, um zu sehen, was er dazu sagen würde.

Wie das Männlein nun am Abend das Geschenk an der Stalltür fand, sprang es vor Freude wild herum. Das Röcklein wurde von ihm gleich angezogen, es passte wie maßgeschneidert, und der Salvang „giggerte" laut vor Lachen. Doch mit einem Mal stand er still, zog das neue Kleidungsstück wieder aus und fing an, bitterlich zu weinen und zu klagen, dass das Röcklein rot sei und nicht schwarz wie seine Schäflein. Unter lautem Jammern und Weinen ging er in den Wald hinein und ließ sich nie wieder sehen.

Der Orco in Enneberg und Abtei

Der bekannteste Dämon in Enneberg und Abtei ist der „Orco". Die meisten Einwohner des Gadertales stellen ihn sich als einen Teufel, im Ladinischen le malang, in der Gestalt eines kleinen Vogels vor. Wenn es finstere Nacht ist, hört man ihn oft sein „Jui, jui, jui!" juchzen, das zum Verwechseln ähnlich klingt, als ob ein beschwipster Bursch in die dunkle Nacht juchzt. Wenn es sich nun einer herausnimmt, diesen Ruf nachzuahmen, so kommt der Vogel herbei, immer näher, und wächst schließlich zu einem Riesenungetüm heran. Dem Übermütigen hüpft er dann auf den Rücken und geht nicht eher herunter, als bis sie zu einem Wegkreuz oder zu einer Kirche gelangen. Da erst springt der Unhold ab und macht sich aus dem Staub. Die Last des Aufhockers ist aber so schwer, dass sein Träger fürchten muss, jeden Augenblick unter dem entsetzlichen Gewicht zusammenzubrechen.

Manchmal kommt der Orco auch in der Gestalt eines feurigen Vogels und zieht im Flug einen feurigen Schweif hinter sich her

Im Sommer, zur Mahdzeit, versammeln sich viele Mäher und Bauerndirnen zum Heuen in der Gegend des Kreuzkofels, wo sich die herrlichen Bergwiesen ausbreiten. Abends, nach einem langen Arbeitstag, treffen sich die Mahdleute noch gerne in einer der Almhütten oder auch im Freien, um noch ein paar Stunden Unterhaltung zu haben. Es wird dann gesungen, gespielt und viel gescherzt.

Vor gut zweihundert Jahren kamen an einem sternenklaren und warmen Sommerabend mehrere Knechte und Mägde nach dem Nachtmahl in einer der größeren Sennhütten zusammen. Es wurden viele Anekdoten, Schwänke und Sagen erzählt, und so kam auch die Rede auf den Orco. Ein jeder von ihnen wusste etwas von ihm zu erzählen, doch war auch ein besonders kecker Bursche darunter, der an keine Dämonen glaubte, und schon gar nicht an den Orco.

„Wer wird denn bitte an solche Ammenmärchen glauben, nein, nein, an den Orco glaube ich ebenso wenig wie an den Osterhasen!", gab er den anderen lachend zu verstehen.

Mit einem „Mmh" und „Hast nicht ganz unrecht" stimmten ihm andere zu, die Mägde aber waren da ganz anderer Meinung:

„Verschrei es nicht, sonst wird er kommen, der Orco!", warnten sie ihn.

Das reizte den Unerschrockenen natürlich und er fing an, das bekannte „Jui, jui, jui!" zu rufen und lief dabei wie wild mit ausgebreiteten Armen auf die Mädchen zu, die von ihm so auseinandergetrieben wurden. Lachend spöttelte er:

„Ja, ja, nur Schafe glauben an den Orco und laufen vor ihm davon."

Nun war den Mädchen der Spaß vergangen und sie gingen schlafen. Doch die Stimmung war ebenso vergangen, und auch die Burschen brachen auf. Wie sie nun aus der Hütte traten, um im Heustadel drüben ihr Nachtlager aufzusuchen, hörten sie von Ferne, als käm's vom Kreuzkofel herab, das bekannte und grauenerregende Juchzen. Zu Tode erschrocken, riefen sie alle wie aus einem Mund: „Der Orco!"

„Es gibt keinen Orco! Ja, gehört ihr auch zu den Schafen und glaubt an ihn? Ich zeige auch mal, wie es geht", sagte der junge, ungläubige Bursche aufmüpfig und ließ ebenfalls sein Juchzen hören. Doch sein Juchzer klang direkt so, als wenn er den anderen anstacheln, ihn übertrumpfen wollte, und den Burschen wurde ganz „antrisch" zu Mute.

„Geh, jetzt lass lei gut sein", brachte einer noch heraus, da fuhr auch schon ein blitzschneller Feuerschweif wie von einer Riesenrakete über ihre Köpfe hinweg. Wie ein Feuerregen, der im Nachthimmel verglüht, zog er vom Kreuzkofel herüber und ließ sich genau auf dem Dachfirst des Heustadels nieder, in den die Burschen geeilt waren.

Alles rannte vor Entsetzen durch die offene Stadeltür auf den Heustock hinauf und verkroch sich dort, der eine wollte tiefer ins Heu als der andere. Doch wie es im Leben so geht, hatten sie genau den Stadel erwischt, dessen Dach in den letzten Tagen der Wind zerstört hatte. So saß der Orco also auf den Dachbalken über ihnen, ein hässlicher, schwarzer Vogel. Von Zeit zu Zeit kam aus seinem Gefieder und Schnabel ein sprühendes Feuer heraus, ganz so wie von einem „Speibteufel". Dazu lachte er so gemein, wie es nur der schadenfroheste Mensch, ein wahres Höllenbratel, kann. Vor Angst und Schreck wie hypnotisiert stierten die Mäher zu dem

Vogel hinauf, der sie mit seinen feurigen Augen unaufhörlich anglotzte.

Nun war auch jener kecke Knecht bekehrt, der diesen Schrecken verursacht hatte, und er zweifelte nicht mehr an der Existenz des Orcos – er hielt ihn sogar für den schlimmsten Teufel aller Teufel der Hölle.

Diese Nacht aber hatte dem Orco eine besondere Freude gemacht, denn es sind nicht die großen Unglücke, die er hervorruft, ihm liegt viel mehr daran die Menschen zu erschrecken, am liebsten, wenn sie in der tiefen Nacht noch auf dem Weg sind.

Der Drache auf dem Kreuzkofel

Auf dem Kreuzkofel südlich von St. Vigil in Enneberg hauste vor langen Zeiten in einer finsteren Felsenkluft ein ungeheurer Drache. Sein Leib war der einer riesigen Schlange, daran hatte das Ungeheuer aber vier ellenlange Füße mit scharfen, krralligen Pratzen und ein mächtiges Flügelpaar. Sein Rachen war so groß und weit, dass ein Mensch darin Platz hatte, und sein Maul war mit spitzen Zähnen besetzt. Kam ein Hirte in seine Nähe, so bäumte sich das Tier zornig auf, zischte und brüllte, riss den Rachen auf und zermalmte den Armen mit Fleisch und Knochen. Bald war die ganze Region weitum verwüstet und die Menschen mussten den fruchtbaren Grund und Boden am Fuß des Gebirges verlassen und ins Elend auswandern. Das Ungetüm dehnte sein Jagdrevier weiter und weiter aus, brach bald da, bald dort aus der Wildnis hervor und verzehrte Mensch und Vieh. In der Nacht fiel es in die Schafställe ein und würgte ganze Haufen dieser friedlichen Tiere herunter, denn am liebsten fraß es Schaffleisch.

Zu dieser Zeit lebte in Enneberg ein kühner Ritter namens Prack. Er hatte mit seinem Schwert schon manches Abenteuer bestanden und war zugleich ein treffsicherer Schütze. Er besaß ein so scharfes Auge und eine so sichere Hand, dass er von seiner Burg Asch aus im gegenüberliegenden Plaieswald einen Rehbock mit sicherem Schuss erlegte. Zudem war der Sattel des heiligen Ritters Georg im Besitz der edlen Herren von Prack, und wer immer von ihnen in diesem Sattel ritt, konnte von niemandem bezwungen werden.

So sattelte der Ritter Prack sein edles Ross mit dem Sattel des heiligen Georg und ritt in das wilde Gebirge, um dem Drachen zu begegnen. Bald kam er auf den bekannten Weg zum Loch des „Wurmes". Sofort sprang auch das scheußliche Untier, das sich vor seiner Höhle gesonnt hatte, heran, seine Schuppenhaut rasselte, seine Augen glühten wie Feuer, und mit weit geöffnetem Rachen ging es zischend auf den Ritter los. Dieser schoss sofort aus sicherem Rohr eine gewaltige Kugel durch den Rachen des Ungeheuers und die Kugel drang durch dessen Herz und bohrte sich tief in die Eingeweide ein, dass es sich vor Schmerzen auf dem Boden wand. In heftigen Zuckungen stürzte es bald darauf über den Felsen hinab.

Der Ritter kehrte auf seine Burg zurück und lange wagte es niemand, nach dem toten Drachen zu sehen. Erst Jahre später fand ein Hirte durch Zufall das Gerippe. An der Stelle, wo der Ritter durch seine kühne Tat die Gegend von der fürchterlichen Plage befreit hatte, errichteten die dankbaren Bewohner eine Gedenktafel, die vor nicht allzu langer Zeit dort noch zu sehen gewesen sein soll.

Die Hexe mit der hölzernen Rippe

Im Gadertal lebte einmal eine Bäuerin, die eine Hexe war und in der „Pfinztagnacht" mit den Hexen ausfuhr. In Enneberg kamen sie hinter dem Kreuzkofel auf dem Hexenstein zusammen und hielten ihr festliches Gelage mit Sang und Tanz.

Und weil sie gern Braten schmausten, wurde abwechselnd eine der Hexen geschlachtet, gebraten und schmackhaft zubereitet, jedes Mal war eine andere dran. Die anderen Hexen setzten sich dann um den Stein und aßen den Braten auf. Danach sammelten sie die Knochen der gebratenen und aufgegessenen Hexe wieder ein, sodass der flinke und fleißige Satan sie mit Fleisch und Bein wieder ins Leben zurückholte und sie genauso war wie vorher.

Da kam auch unsere Bäuerin einmal an die Reihe, beim Hexentanz am Donnerstagabend geschlachtet zu werden. Weil sie aber noch nicht lange bei der Hexengilde war, bekam sie es ein wenig mit der Angst zu tun, und so überredete sie ihren Knecht, mit auf den Hexenstein zu kommen. Sie sagte ihm aber natürlich nicht, dass er an ihrer Stelle geschlachtet und gebraten werden sollte.

Um Mitternacht kamen sie dann beide auf den Berg, wo schon etliche Hexen versammelt waren und miteinander plauderten. Der Knecht ahnte nichts Gutes, und während seine Bäuerin sich zu den anderen Hexen gesellte, machte er sich heimlich davon und kletterte auf den nächsten Baum.

Als nun alle Hexen der Umgebung eingetroffen waren, erschien auch der Höllenfürst persönlich; in einem noblen Zweispänner fuhr der Satan vor und endlich sollte der Hexenschmaus hergerichtet und wie üblich eine der Hexen verspeist werden.

Die Bäuerin sah sich erschrocken nach ihrem Knecht um, aber der war verschwunden und alles Suchen nach ihm half nichts. Nun musste sie wohl oder übel selber herhalten und sich schlachten und zubereiten lassen. Wie jede Woche wurde der Braten aufgetragen und die Hexen setzten sich in einen Kreis und schmausten. Die abgenagten Knochen aber warfen sie hinter sich auf die Erde. Der Knecht, der alles von seinem Baum herab beobachtet hatte, rutschte verstohlen auf der andern Seite herunter, hob eine Rippe der gebratenen Bäuerin vom Boden auf und steckte sie ein. Sogleich kletterte er wieder auf den Baum, und die lärmenden und schmausenden Hexen hatten überhaupt nichts davon gemerkt. Als dann aber der Schmaus zu Ende war und die Knochen der Bäuerin wieder eingesammelt und dem Satan hingetragen wurden, da fehlte eine Rippe. Sie suchten und suchten, aber fanden sie nicht. Schnell schnitzten sie eine Rippe aus Holz und der Satan machte die Bäuerin wieder lebendig.

Am nächsten Tag waren die Bäuerin und der Knecht wieder auf dem Hof und keiner sagte ein Wort zum andern über das Geschehene. Der Knecht trug jedoch die Rippe immer in seiner Tasche mit sich herum.

Wenig später kam dann ein Tag, an dem die Bäuerin den Knecht zurechtwies und ihn damit in Rage versetzte. Da zog dieser die fehlende Rippe aus der Tasche und sprach:

„Das hab' ich gern! Du willst maulen mit mir und hast doch nur eine hölzerne Rippe statt der da!"

Nach diesen Worten fiel die Bäuerin zu Boden und war augenblicklich eine Leiche.

Inhalt

Von versunkenen Städten 5
Helfmirgott 10
Von den Norggen und Nörggelen 13
Der Riese Ortler 18
Von den Saligen Fräulein 20
Sudl, bring mir Nudel 25
Vom alten Tappeiner 27
Sagen um Margarete Maultasch und ihre Burg 29
Jutta von Braunsberg 36
Herzog Friedrich mit der leeren Tasche 38
Das kyklopische Kasermandl 42
Das Bettelweib in der Jaufenburg 43
Der „Moaser Student" 44
Der Esel 52
Der Schneeberg in Passeier 53
Von den Wetterglocken 55
Die „Stegerfrau" 60
Der Schatzteufel 62
Die große Domglocke zu Bozen 63
Hans Lutz von Schussenried 65
Der letzte Boyneburger 66
Wie der Saltner die Jungfrau erlöste 69
Der Pestreiter 71
Der Wilde Mann in Montiggl 73
Die Saligen in Radein 75
Die Willeweis 77
Starkwölfel, der Drachentöter 80
Der Teufelssessel bei Matschatsch 82
Aus dem Grab nach Weißenstein 84
Die Scheintote von Maderneid 86
Der Zauberer von Castelfeder 88
Das goldene Kegelspiel von Hocheppan 91
Der alte Weinkeller bei Salurn 92

Der Schlossgeist auf Zwingenstein **96**
Das Totengerippe von Hauenstein **97**
Der Spuk im Schweinestall **98**
Der beinerne Tisch **99**
König Laurin und sein Rosengarten **100**
Von der Pachlerzottl **106**
Die Schlernhexe **110**
Hexentanz auf dem Rosswangen **112**
Der Schlangenbanner auf der Seiser Alm **114**
Die Latemarpuppen **116**
Der Fremdling auf dem Weifnerhof **118**
Frau Berchta im Eisacktal **120**
Vom Menschenzahn und vom gestohlenen Bein **123**
Geistermesse in der Kirche **125**
Sagen vom Lauterfresser **129**
Das Pfunderer Bergwerk bei Klausen **136**
Das Lebensmaß **137**
Wen der Teufel holt **138**
Das Pfeifer Huisele **140**
Die Edelfrau von Sprechenstein **146**
Der Salvang mit dem roten Röcklein **149**
Der Orco in Enneberg und Abtei **150**
Der Drache auf dem Kreuzkofel **153**
Die Hexe mit der hölzernen Rippe **155**

Die schönsten Sagen bei
HAYMON taschenbuch

Die österreichischen Sagen-Experten Wolfgang Morscher und Berit Mrugalska haben die schönsten Sagen aus allen neun österreichischen Bundesländern sowie aus Südtirol gesammelt: Mehr als 500 bezaubernde und spannende, romantische und unheimliche Geschichten aus allen Regionen Österreichs und Südtirols.

Die schönsten Sagen aus dem Burgenland
ISBN 978-3-85218-842-3

Die schönsten Sagen aus Kärnten
ISBN 978-3-85218-837-9

Die schönsten Sagen aus Niederösterreich
ISBN 978-3-85218-841-6

Die schönsten Sagen aus Oberösterreich
ISBN 978-3-85218-840-9

Die schönsten Sagen aus Salzburg
ISBN 978-3-85218-836-2

Die schönsten Sagen aus der Steiermark
ISBN 978-3-85218-838-6

Die schönsten Sagen aus Südtirol
ISBN 978-3-85218-834-8

Die schönsten Sagen aus Tirol
ISBN 978-3-85218-833-1

Die schönsten Sagen aus Vorarlberg
ISBN 978-3-85218-839-3

Die schönsten Sagen aus Wien
ISBN 978-3-85218-835-5

Jeder Band: 160 Seiten
Haymon Taschenbuch 2010

www.haymonverlag.at